더 나은
세상을 위한
레시피

자연에 대한 사랑과 그 자연을 지켜야 함을 가르쳐주신
나의 아버지께.
그리고 이 사랑을 꼭 물려주고 싶은
나의 두 아들에게.

Recettes pour un monde meilleur
Changer l'avenir en mangeant mieux

by Benoît Bringer
© Éditions du Seuil, 2021
All Rights Reserved
Korean translation ©2021 by Bona Liber Publishing Cooperative Ltd.
Korean translation rights arranged with Éditions du Seuil
through Orange Agency

더 나은
세상을 위한
레시피

지구와 나를 위한 먹거리로
미래를 바꾸다

브누아 브랭제 지음 | 지은희 옮김

착한책가게

"우리는 진정 우리의 생활 방식을
철저히 뜯어고칠 의지가 있습니까? 바로 그것이 문제이기 때문에 말입니다.
아니면 우리는 지금의 방식을 되풀이하면서 에너지든 그 무엇이든
점점 더 많은 양을 요구하다가 결국 질식으로, 팬데믹으로, 기근으로
죽음에 이르고 말까요?"

- 첫 번째 '지구의 날', NBC 사회자 휴 다운스, 1970년.

"그 계절의 공기를 들이마시고 그 계절의 음료를 마시며
그 계절의 과일을 맛보라. 매 계절을 충실히 경험하라.
너에게 닿는 이 땅의 영향력을 받아들여라."

- 헨리 데이비드 소로

  우리는 모두 같은 행성에 살고 있습니다. 놀라운 우연의 연속, 사슬처럼 맞물린 행운과도 같은 원인과 결과, 그리고 믿기조차 힘든 어떠한 작용 덕분에 먼지와 자갈의 집합체인 이 지구에서 생명체가 살아갈 수 있게 되었습니다.

  우리는 모두 같은 행성에 살고 있습니다. 그리고 같은 기적을 경험하고 있지요. 바로 생태계라는 기적을요. 숲과 초원, 바다, 빙하, 습지는 우리에게 숨 쉴 공기와 마실 물과 먹을 것, 그리고 알맞은 기온을 제공해줍니다. 우주에서 이 같은 환경이 갖춰질 확률이 얼마나 될까요?
  하지만 우리는 이러한 기적에 익숙해져 갑니다. 일상에 묻혀 당장의 관심거리나 고민에 휩싸인 채 기적을 잊고 살아갑니다. 그러다 어느 주말이나 여름 휴가철, 태양 빛으로 물든 물가에서 수영을 하다가 혹은 숲 내음 가득한 오솔길을 지나 깊은 산속에 들어서는 순간 문득 경이로움에 사로잡히곤 합니다. 눈을 떠 주위를 둘러보세요. 자연이 자아내는 장관은 놀랍습니다. 또 망가지기도 쉽지요.

우리가 사는 행성, 지구는 우리보다 앞서 수십억 년 전부터 존재해왔습니다. 그리고 수십억 년 뒤에도 존재할 것입니다. 위험에 처한 것은 지구가 아니라, 인간이 존재하고 안락하게 살 수 있도록 해주는 생태계입니다.

우리는 모두 같은 행성에 살고 있습니다. 이 책은 프랑스에서 쓰인 것이지만, 그 안에 담긴 내용은 우리 모두와 관련이 있습니다. 이 책은 여러 나라를 돌며 진행한 탐사의 결과물입니다. 저는 한 환경운동가의 입장을 표방하는 글이 아닌, 정직하고 철저한 취재를 바탕으로 누구나 쉽게 이해할 수 있는 책을 쓰고 싶었습니다. 이 책에서 제안하는 해법들은 프랑스뿐 아니라 한국에도 적용될 수 있는 것들입니다. 그리고 여러분이 책장을 넘길 때마다 만나게 될 인물들이 들려주는 이야기는 어느 나라에 살든 새겨둘 가치가 있습니다. 보편적인 이야기이기 때문입니다. 그들은 지구 곳곳에서 새로운 먹거리 모델을 구현해 더 나은 세상을 만들려고 노력하는 개척자들입니다.

자연으로 눈을 돌려보세요. 그리고 여러분의 접시에 무엇이 담겼는지 보세요. 이 둘은 떼려야 뗄 수 없는 관계입니다. 캘리포니아·그리스·시베리아의 산불과, 독일·벨기에·중국·뉴욕의 살인적인 폭우, 캐나다와 그린란드의 폭염······. 우리가 지금과는 다른 식생활을 꾸려왔다면 이러한 기후 재앙들은 분명 나타나지 않았을 것입니다.

이런 비극적인 현상들이 일상이 되어가고 있지만 우리는 이 현상들이 지닌 의미를 제대로 알지 못하고 있습니다.

이 책의 목표는 관점을 제시하고 핵심을 알리는 것입니다. 가려진 현실에 눈을 뜨는 가장 좋은 방법은 사실들을 서로 연관 지어 생각하고, 원인과 결과를 이해하고, 자신의 견해를 갖는 것입니다. 그러할 때 우리는 세상을 다른 시각으로 볼 수 있습니다. 기후위기를 알리는 소식들은 더 이상 우리와 상관없는 먼 얘기가 아닙니다. 이제는 시시각각 다가오는 위기의 한가운데에서 행동에 나서야 함을 깨달을 때입니다. 그 길은 고통스럽기보다는 입맛을 돋우는 길일 것입니다.

최대한 효과를 거두기 위해서는 지구인 모두의 인식이 바뀌어야 하며 해법은 될 수 있는 한 널리 적용되어야 합니다. 이 책이 한국 독자들에게 닿아 이에 기여하는 데 한 발 더 나아갈 수 있게 되어 더없이 영광입니다.

2021년 9월
브누아 브랭제

차 례

아픈 등을 이끌고 잠에서 깼다. 작은 간이침대에서 밤을 보
냈다. 산부인과 병동에서 잠을 잔 지 나흘째였다. 아내는 출산
을 위해 만반의 준비를 마쳤는데 정작 아기는 여유를 부리고
있었다. 난 내 인생을 바꿔 놓을 그날을 기다리며 극비로 진행
하던 일 하나를 몇 주간 중단한 상태였다. 세계 탐사보도 기
자들이 비밀리에 팀을 이뤄 전례 없는 규모의 정보 유출 사건
을 조사하는 것으로, 무려 1,150만 건의 조세 피난처 관련 극
비 문서를 입수한 '파나마 페이퍼스' 프로젝트였다. 조만간 횡
령, 부정부패 사건에 연루된 국가수반, 유명인사, 대기업 수장
들의 이름이 세상에 공개될 참이었다. 몇 달 뒤면 퓰리처상을
수상할 저널리즘 역사상 손꼽힐 특종이었다. 하지만 그사이,

기자로서 겪게 될 또 다른 모험이 이 산과 병동 복도에서 나를 기다리고 있었다.

나는 챙겨 온 작은 카메라로 몇몇 장면을 촬영했다. 아내의 배, 우리 아기의 심장 박동이 기록되는 모니터, 하루하루가 흘러가고 있음을 보여주는 매일의 해돋이 같은 것들을.

마침내 아기가 태어난 날. 아들이었다. 첫째 아이의 생애 첫 숨. 이 작은 존재가 품에 안겼다. 공기를 가르며 발버둥 치는 동안 아이의 감각들이 깨어났다. 지구에 온 걸 환영한다. 영화 대본에서는 이런 것을 촉매라 한다. 주인공의 모험을 촉발하는 요소. 아이가 태어나면 세상을 향한 시선이 한순간에 달라진다. 아들이 처음으로 자연과 만나는 순간을 보자 자연이라는 것이 얼마나 특별하며 또 무너지기 쉬운 것인지 새삼스레 다가왔다.

한편, 우리의 먹거리 체계food system가 지구에 미치는 해로운 영향들이 속속 밝혀지고 있었다. 우리의 먹거리와 이 세상의 미래. 나는 이 두 가지가 아주 단단히 얽혀 있음을 깨닫기 시작했다. 아들에게 처음으로 밥을 먹이면서 우리가 먹기 위해 하는 선택들에 대해 더 깊이 고민하게 됐다. 과연 자연과 우리의 건강을 위해 우리가 다르게 먹을 수는 없을까? 나는 아들을 위해 그 답을 찾아야만 했다.

이것이 5년간 이어진 프로젝트의 시작이었다. 5년간의 조사, 샅샅이 살핀 보고서들, 메모 가득한 논문들. 5년간의 통화, 만남, 인터뷰. 온 지구를 돌며 최고의 전문가들과 앞선 경험자들에게 질문하고, 농장과 방목장과 사육장과 가공 공장과 도축장을 방문한 5년. 최고와 최악을 찾아간 5년. 그간 내가 자연과 먹거리와 맺고 있던 관계를 완전히 뒤엎은 여행, 다신 그 이전으로 돌아가지 못할 여행이었다.

프랑스 공영방송인 프랑스 텔레비지옹의 후원으로 진행된 이 프로젝트는 프랑스 탐사보도물 전문 제작사 프르미에르 리뉴에 의해 〈동물을 먹는 것을 멈춰야 할까?Faut-il arrêter de manger les animaux?〉와 이 책의 배경이 된 〈더 나은 세상을 위한 레시피 Recettes pour un monde meilleur〉라는 두 편의 다큐멘터리로 만들어졌다. 이 두 다큐멘터리는 우리의 먹거리가 인류에게 가장 큰 위협인 동시에 미래의 해결책이 될 수도 있다는 사실을 깨닫게 해준 기나긴 모험의 일부다. 나는 '어떻게'가 알고 싶었다.

이 긴 여정으로 나를 이끈 첫아이가 태어난 지 5년, 그리고 곧 태어날 둘째를 기다리는 지금, 그 질문에 대한 답을 여기 담았다.

너무나 작은 지구

"우리는 이제 너무나 작은 지구에 사는 거대한 집단입니다."

참나무와 아카시아가 울창한 숲의 언덕을 따라 오르막이 이어진다. 그 꼭대기에 오래된 포츠담 천체물리학 관측소가 있다. 베를린에서 몇십 킬로미터 떨어진 한적하고 작은 도시 포츠담. 이곳에 빨간색과 주황색 벽돌 위로 세 개의 둥근 잿빛 지붕을 쌓아 올린 포츠담 관측소가 자리 잡고 있다. 2019년 7월 1일, 나는 이 유서 깊은 관측소 정원에서 먹거리 탐사 프로젝트에 결정적인 인물을 만나기로 했다.

지구의 현재 상황은

포츠담 관측소는 1879년에 설립되어 태양물리학, 그리고 태양, 지구, 기후와의 관계에 대해 연구해왔다. 설립 후 140년이 흐른 지금, 이곳은 이제 별이 아닌 지구온난화로 인한 영향을 관찰하는 곳이 되었다. 오늘날 이 신고전주의 양식의 건물에는 포츠담기후영향연구소^{PIK}가 들어서 있다. 포츠담기후영향연구소는 세계에서 가장 영향력 있는 환경 연구기관 중 하나다. 300명이 넘는 직원이 이 연구소에 소속되어 있다. 연구소의 목표는 지구 온도 상승으로 인한 영향을 측정하고, 나아가 안전하고 옳은 미래 환경을 만들기 위한 해법을 찾아내는 것이다. 유명한 'IPCC(유엔 산하 기후변화에 관한 정부 간 협의체) 보고서'도 이들의 기여로 탄생했다.

나는 포츠담기후영향연구소의 소장인 요한 록스트룀Johan Rockström 지구시스템과학 교수와 약속을 잡는 데 성공했다. 운이 좋았다고 해야 할 것이 록스트룀 박사는 끊임없이 움직이는 사람이기 때문이다. 그는 기후 관련 콘퍼런스나 국제회의에 참여하지 않을 때면 연구소에서 자료들을 검토한다. 기후와 생태계의 관계를 연구하는 세계 최대 과학자 네트워크인 미래지구Future Earth를 이끌고 있기도 한 이 스웨덴 사람을 달리게 하는 것은 바로 이 세상의 미래다.

이 유서 깊은 관측소의 나무가 우거진 산책로를 록스트룀 박사와 함께 걸었다. 박사는 키가 크고 얼굴선은 날렵하며 눈빛이 맑다. 그는 돌려 말하지 않고 우리가 어느 상황에까지 다다랐는지 단도직입으로 설명했다.

"우리는 수십 년 전부터 우리가 매우 위험한 경로를 택했음을 알고 있었습니다. 하지만 우리가 어느 정도로 위급한 전 지구적 위기에 닥쳐 있는지 깨달은 것은 지금으로부터 고작 6, 7개월 전, 이제는 어마어마하게 방대해진 과학적 자료들을 분석하면서부터입니다."

산업혁명 이후로 지구 온도는 이미 1.1℃나 높아진 상태다. IPCC는 이 지구 온도 상승 폭이 1.5℃를 넘어설 경우 우리가 마주해야 할 것들에 대하여 보고서를 작성했다. 우리에게 닥쳐올 위험은 지구상 모든 열대 산호초가 파괴되는 것에서 끝나지 않는다. 남극 서부 빙상 전체가 사라지는 것뿐이 아니다. 돌이킬 수 없을 그린란드 빙하의 해빙으로 인해 해수면이 10미터 이상 상승하는 것만이 아니다. 훨씬, 이보다 훨씬 심각하다. 지구 온도 1.5℃ 상승은 일종의 도미노 효과를 불러일으킬 것이다. 온난화가 온난화를 부추기게 된다. 산림이 쇠퇴하고, 일 년 내내 물이 얼어있는 지대로 지표면의 5분의 1을 차지하는 영구 동토층이 녹으면서 기온 상승을 더욱 심화시켜 우리를 돌아올 수 없는 길로 이끌 것이다.

약 백만 개의 동식물 종이 영원히 사라질 위기

요한 록스트룀 박사를 만나기 몇 달 전, 생물다양성 상태를 평가하는 국제기구인 유엔 생물다양성과학기구IPBES, Intergovernmental Science-policy Platform on Biodiversity and Ecosystem Services가 또 하나의 충격적인 통계를 발표했다. 50개국의 전문가 150명이 작성한 이 보고서에 따르면 자연은 인류 역사상 전례 없는 속도로 쇠퇴하고 있다. 현재 약 백만 개의 동식물 종이 향후 몇 십 년 안에 영원히 사라질 위기에 처해 있다. 보고서는 이 대량 멸종의 책임이 인간에게 있다고 결론지었다. 수분 매개자와 포식자, 생태계의 건강이 달린 종 간의 연결망이 모조리 사라짐으로 인해 우리는 생태계의 붕괴와 함께 먹을 것, 깨끗한 공기, 마실 물을 제공하여 인류가 생존할 수 있게 해주는 생태계 능력의 몰락을 불러오는 길로 들어섰다.

요한 록스트룀
포츠담기후영향연구소 소장인 그는 우리의 먹거리가 환경에 미치는 영향에 관한 문제에도 전문가다. 세계 먹거리 체계를 지속 가능하고 건강한 방향으로 전환하기 위한 국제 계획인 잇 재단을 이끌고 있다.

요한 록스트룀 박사가 말한다.

"과학이 우리에게 말하는 바는 분명합니다. 2030년까지 탄소 배출량을 50% 줄여야 합니다. 문은 아직 열려있지만, 시간이 얼마 남지 않았습니다."

이 목표를 달성하지 못하면 지구 기온 상승을 2℃ 이하에 머물게 하는 것이 불가능해진다. 생물다양성 붕괴를 막는 것 역시 불가능하다. 그리고 그렇게 우리는 티핑 포인트(어떠한 현상이 처음엔 서서히 진행하다가 돌연 급격하게 변화하게 되는 순간 – 옮긴이)를 맞게 된다.(IPCC는 2018년 〈지구온난화 1.5℃〉 보고서에서 기존 2℃에서 1.5℃로 목표를 낮추었다. 1℃와 2℃ 사이가 티핑 포인트가 될 가능성이 있기 때문이다. – 옮긴이)

요한 록스트룀 박사가 이어 설명한다.

"우리가 아무 일도 없다는 듯 지금처럼 계속 산다면 탄소 예산을 2030년에 모두 써버리고 말 겁니다."

다시 말해 우리에게 남은 이산화탄소 배출 허용량을 모두 소진해버릴 것이라는 뜻이다. 그렇게 되면 지구 온도가 2℃ 이상으로 상승하게 되는 돌이킬 수 없는 길로 가는 스위치가 눌리고 만다. 이 상황에 이르면 우리는 더 이상 지구를 우리가 알고 있는 모습대로 지켜낼 수 없다. 인류가 발전할 수 있도록 해준 그 지구로 붙잡아둘 수 없다. 섬나라와 연안 국가들에서 개발도상국, 특히 열대지방의 국가들과 유럽의 건조한 지역까지 지구상의 수백만 인구에게 재앙이 닥칠 것이다.

박사는 말한다.

"이미 폭염이 닥쳐오지 않았습니까. 2019년 여름이 그랬고 2018년에도 마찬가지였습니다. 우발적인 폭염이 아닙니다. 우리는 이제 확실히 압니다. 이건 인간이 초래한 기후변화의 결과라는 것을 말입니다. 우리는 포화점에 이르렀습니다. 우리는 더 이상 거대한 행성, 즉 우리의 삶의 방식, 소비 방식, 생산 방식이 미치는 영향을 견뎌낼 수 있는 그런 넉넉한 행성에 사는 작은 집단이 아닙니다. 우리는 이제 너무나 작은 지구에 사는 거대한 집단입니다."

'지구 한계'와 먹거리가 환경에 미치는 영향을 찾아

내가 요한 록스트룀 박사를 찾은 것은 그가 지구온난화의 영향에 관한 권위자이기 때문만은 아니다. 그는 우리의 먹거리가 환경에 미치는 영향에 관한 전문가이기도 하다. 그는 세계 먹거리 체계를 지속 가능하고 건강한 방향으로 전환하기 위한 국제계획인 잇^{Eat} 재단을 이끌고 있다. 그가 국제적인 명성을 얻게 된 것은 현재 전 학계가 인정하고 사용하고 있는 '지구 한계' 모델을 십여 년 전에 제시했기 때문이다. 이 모델은 우리의 먹거리가 지금의 이상기후에 어떤 영향을 미치는지 이해하는 데 기초가 된다. 이 엄청난 과학 모험에 대해 직접 듣기 위해 요한 록스트룀 박사를 만나러 간 것이다.

2

깨달음

**"우리 먹거리가 바로 주범입니다.
먹거리가 지구를 불안정하게 하는 모든 위험 요소들과
연결되어 있습니다. 우리가 맞서야 하는 위험 말입니다."**

지난 삼십 년간 이상기후는 무척이나 가속됐다. 한편 과학 역시 지구가 어떻게 기능하는지 이해하는 데 있어 상당한 진보를 이뤘다. 이제 우리는 지구가 서로 연결된 하나의 시스템이라는 것을 안다. 그리고 이 시스템 안에서 빙하, 대기, 생물군, 해양은 한데 어울려 기능함으로써 지구의 상태를 자동 조절한다. 또 한 가지 과학적으로 확실시되는 것은 하나의 생태계가 어떤 급변점, 즉 티핑 포인트를 지나면 서로 완전히 다른 다양한 상태에 놓일 수 있다는 것이다.

요한 록스트룀 박사는 이렇게 설명한다.

"하나의 숲이 온대성일 수도, 열대성일 수도, 아니면 사바나 상태일 수도 있는 겁니다. 숲이 어떤 한계를 지나면 특정 요소들의 압박에 의해 한 상태에서 다른 상태로 급변할 수 있다는 것이죠. 이는 습지나 빙하, 해양뿐 아니라 지구 전체에도 적용됩니다."

지구가 넘지 말아야 할 선

박사는 이 사실을 접하고 나서 한 가지 중요한 질문이 떠올랐다. 지구가 인간이 살아가기 힘든 곳으로 바뀌지 않도록 하려면 넘어서는 안 되는 임계점, 한계선을 과학적으로 정의 내릴 수 있을까? 지구가 현재 상태, 다시 말해 인류의 출현과 생존을 가능케 한 이 상태를 유지하게 하는 경계를 보편적인 방식으로 규정할 수 있을까? 그렇게 요한 록스트룀 박사는 세계 유수의 환경학자들을 모아 이 질문에 대한 답을 찾기로 결심했다.

2009년, 이들은 권위 있는 과학 저널 〈네이처〉에 실린 '인류 생존을 위한 안전한 공간Safe operating space for humanity'이라는 글에서 지구가 순조롭게 기능할 수 있는 범위를 규정했다.

박사가 말한다.

"먼저 할 일은 지구 상태를 조절하는 환경의 작용 과정을 알아내는 것이었습니다. 그 다음은 인간에게 안전한 삶의 공간을 보장하는 한계선을 과학적으로 정량화하는 것이었죠. 간단히 말해보죠. 우리가 이 한계 내에 머물면 지구는 우리가 살수 있는 공간으로 계속 남을 것입니다. 허나 그러지 않는다면 '자기 증폭적인 되먹임' 현상이 일어나 우리의 집, 이 지구를 인간이 살 수 없는 공간으로 만들어버릴 위험이 있습니다."

연구팀이 제시한 모델은 인간이 한계선을 넘지 않고 이 범위 안에서 삶을 영위할 방법을 정의한 일종의 지침이다. 국제사회, 정부, 국제기구만이 아니라 시민사회, 민간 부문 또한 그 대상이다. 70억 인구가 낭떠러지로 굴러떨어지는 것을 막기 위한 장벽, 난간을 세우자는 것이다.

넘지 말아야 할 한계선은 총 아홉 개로 다음과 같다.

1. 지구온난화를 심화시키는 대기 중 이산화탄소(CO_2) 농도

2. 종의 수와 다양성으로 정의되는 생물다양성의 감소

3. 숲과 습지를 대신한 경작지 면적의 비중으로 측정되는 토지 이용의 변화

4. 해양의 안정성을 좌우하는 해양 산성화 정도

5. 세계 담수 소비량

6. 광산에서 추출되어 농업에 과도하게 쓰이는, 비료의 원료인 인(P)의 배출

7. 오존층 파괴

8. 육상 교통과 공장식 축산으로 대량 발생되는 질소 배출

9. 내·외연기관, 공업 혹은 화재로 인해 배출되는 미세 입자로, 일반적으로 '대기 오염'이라는 용어로 총칭되는 에어로졸의 분포 정도

우리의 먹거리가 지구 한계선 침범의 주요 원인

요한 록스트룀 박사는 이 경계들을 정립하는 중에 그의 식습관을 완전히 바꿔 놓을 한 가지 발견을 했다. 먹거리가 지구에 미치는 영향에 관한 중대한 깨달음이었다.

박사의 목소리가 무겁다.

"놀라실 수도 있겠습니다만, 우리의 먹거리가 지구 한계선 침범의 주요 원인이라는 증거들이 있습니다. 간단히 말해 우리 먹거리가 바로 주범입니다. 먹거리는 지구를 불안정하게 하는 모든 위험 요소들과 연결되어 있습니다. 우리가 맞서야 하는 위험 말입니다."

다른 어떤 분야보다도 우리의 먹거리 체계가 온실가스를 가장 많이 배출한다. IPCC가 가장 최근에 발표한 보고서에 따르면, 경작 및 가축 사육을 위한 산림 벌채에서 화학비료 사용과 가공, 유통까지 먹거리 체계가 일으키는 온실가스 배출은 총 배출량의 23%, 즉 1/4에 가까운 비중을 차지한다. 또한 먹거리 체계는 토지 이용을 변화시켜 생물다양성을 크게 훼손하는 주원인이기도 하다. 현재 지구 전체 지표면의 50%가 경작지로 전환됐다. 또 먹거리 체계는 질소와 인이 가장 대량으로 사용되는 영역이기도 하다. 화학비료의 원료인 이 물질들은 땅을 척박하게 하고 해안을 오염시킨다. 마지막으로 우리의 먹거리 체계는 특히 농약 등으로 대기를 크게 오염시키며 담수를 과도하게 사용하는 요인이다.

"만약 우리가 계속 이러한 방식으로 먹고산다면 지구 한계선을 전부 넘어서고 말 것이라는 점을 모든 분석 자료들이 증명하고 있습니다. 기후 조절에도 실패할 것이고, 생물다양성에서도 실패할 것입니다. 이용 가능한 식수 문제에서도, 토양의 건강, 질소와 인 배출에서도 마찬가지입니다. 아주 분명합니다. 우리가 계속 지금처럼 먹는다면, 화석 에너지에서 벗어난다 해도, 석유·석탄·천연가스를 더 이상 사용하지 않아도 지구의 온도 상승을 2℃ 아래로 유지할 수 없습니다. 파리기후협약에 공동 서명한 그 약속을 지킬 수 없습니다. 인간이 살 수 있는 지구를 지켜내기 위해 변화가 절대적으로 필요합니다."

나는 이 깨달음이 주는 무게에 잠시 말을 잃었다가 입을 열었다.

"만약 우리가 실패하면 어떻게 되는 거죠?"

"길이 있을 겁니다. 최후의 방법이요……."

박사는 기색이 어두워져 잠시 말을 끊었다가 덧붙인다.

"하지만 그 최후의 방법이란 게 유쾌하지만은 않습니다."

전환을 위해 행동할 수 있는 마지막 세대

박사는 그 길이 평화롭고 조화로우며 자유와 민주주의를 지키는 방향이지는 않을 거라고 말한다. 경제에 그리고 시민들에게 악영향을 끼칠, 급격하고 갑작스러우며 합의되지 않은 결정들을 내려야만 할 것이기 때문이다. 자연에 반하는 지구공학적인 방법들, 즉 기술을 이용해 인공적으로 기온을 낮추는 방식 또한 이용하게 될 것이다. 대형 이산화탄소 포집기라든가, 식물성 플랑크톤의 성장을 촉진하기 위해 해양에 철을 대량으로 살포한다든가, 성층권에 황 입자 에어로졸을 분사해 태양 빛을 반사하는 방법 등……. 공학자들은 이미 이러한 시나리오를 검토하고 있지만 그 부작용이 애초의 문제보다 환경에 더 해로울 수도 있다.

요한 록스트뢲 박사는 말한다.

"만일 우리가 전 세계 모든 국가의 평화적인 협력하에 전환이 이루어지길 바란다면, 그 전환에 착수할 때는 바로 지금입니다. 엄청난 도전입니다만 저는 아직 가능하다고 믿습니다. 우리에겐 이 변화가 희생이 아니라 기대 수명과 형평성, 경제적 기회 면에서 이득을 가져다줄 거라는 충분한 증거들이 있습니다. 우리는 굉장히 위험한 길 위에 있으나 이 길이 더 나은 미래로 뻗어갈 수도 있습니다. 우리에겐 지금 이 문제를 풀어 아이들에게 미래가 있는 지구를 물려줘야 할 책임이 있습니다."

요한 록스트뢲 박사를 포함하여 세계의 수많은 과학자가 축적한 증거들 덕택에 우리는 이 사실을 아는 첫 세대이자 행동할 수 있는 마지막 세대가 되었다.

우리는 인류의 모험이 지속되도록 지구를 안정적으로 유지시켜준 생물리학적 시스템의 한계점에 다다랐다. 인간이 이러한 문제에 맞닥뜨린 적은 단 한 번도 없었다. 자기 종의 생존이라는 문제 말이다. 자책해봐야 아무 소용 없다. 석유, 석탄, 천연가스 덕분에 인류는 어마어마한 성공을 거둘 수 있었다. 하지만 이제는 그 모험에 따른 대가가 막대하다는 것을 알아야 한다.

3

새 출발

"우리는 우리 건강을 돌보고 우리 마음을 돌보고 공기를 돌보고
세상 모든 사람을 돌봐요. 우리는 잘 돌봐요, 왜냐면
그 사람들은 다 우리 형제니까요."

– 막심, 8세, 무앙사르투의 초등학생

지중해에서 몇 킬로미터 떨어진 프랑스 코트다쥐르의 양지
바른 작은 언덕에 오트콩브Haute-Combe 농장이 자리 잡고 있다.
프로방스의 이 작고 오래된 농지에 백 년 된 플라타너스 두 그
루가 그늘을 드리운다. 무앙사르투는 주민이 1만여 명인 프랑
스 코뮌(프랑스의 행정구역 단위. 프랑스는 22개 레지옹(광역자치단체 격), 101
개 데파르트망(중간자치단체), 36,700개 코뮌(기초자치단체) 등의 지방 행정 체
계로 구성되어 있다.– 옮긴이)으로 이곳 지자체는 2005년 4헥타르
규모의 이 농장을 인수했다. 남쪽 사면을 따라 초등학생 한 무

리가 더위를 피하려 서로 호스로 물을 뿌려주고 있다. 2019년 6월 28일, 이날은 프랑스 전역에 걸쳐 또다시 폭염이 찾아온 날이었다. 몽펠리에 인근 프랑스 동남부 지방의 기온이 사상 처음으로 섭씨 46도를 기록했다.

농약과 화학비료를 주지 않는 과일과 채소

조금 전 아이들이 토마토 묘목 발치에 짚을 뿌려줬다. 지속 가능한 먹거리 교육의 날을 맞아 준비된 행사의 일환이다. 무 앙사르투의 학생들은 생태농업의 주요 원리를 일주일에 걸쳐

무앙사르투에 있는 오트콩브 농장
지자체가 2005년 인수한 이 농장은 우리가 해결해야 할 문제에 답이 될 만한 먹거리 모델의 본보기다.

실습을 통해 배운다. 생태농업은 자연의 타고난 성질과 뛰어난 재생력에 최대한으로 의지하는 농법이다. 공업형 농업과는 달리 생태계의 자연적인 균형을 되살리는 방식이다. 주류 농법이 단일경작(옥수수, 무, 감자 등 한 종류의 농작물만 생산하는 것)을 장려하는 반면, 생태농업은 그 지역 토양에 알맞은 작물 위주로 한 농지에 다양한 작물(과실나무, 채소, 곡식 등)을 재배한다. 곤충이나 균류 등의 해로운 유기체를 농약으로 없애는 것이 아니라 생물다양성을 이용해 대처한다. 생태농업에서 쓰이는 기술들은 물을 덜 소비할 뿐 아니라 화학비료를 사용하지 않아 환경을 덜 오염시킨다.

큰 나무 잎사귀들이 만들어주는 그늘 아래, 무앙사르투 코뮌 소속의 젊은 해설자 디아나가 또 다른 초등학생 무리에게 이야기를 하고 있다.

"이 텃밭의 특징은 바로 유기농 채소를 기른다는 점이에요. 여러분, 유기농업이 뭔지 알아요?"

"유기농 같은 걸 키우는 거요."

일곱 살 남자아이가 대답한다.

"화학물질이 안 들어갔고, 과일을 먹으러 오는 벌레들이 있다는 뜻이에요."

여자아이가 덧붙인다.

"맞아요. 유기농업이란 잡초나 균, 곤충들을 죽이려고 농약을 쓰거나 작물을 자라게 하려고 화학비료를 주지 않고서 과일과 채소, 곡물을 재배하는 걸 말해요."

디아나가 정리해 설명한다.

신이 난 아이들이 이동하여 가옥을 둘러싼 밭을 돌아본다. 코뮌에 고용된 농부들이 모종을 심고 있다. 농부들은 한낮의 더위가 찾아오기 전에 일을 마치려 이날 아침 6시에 일을 시작했다. 이들은 여기서 토마토, 파프리카, 가지, 호박, 상추 등을 재배한다. 올리브 나무를 키워 오일을 추출하기도 한다. 디아나가 대파 잎에 붙은 작고 하얀 달팽이를 떼어내 아이들에게 보여준다.

"달팽이예요. 대개 달팽이를 좋아하지만 달팽이가 이파리를 먹어버리면 좋아할 수만은 없죠. 하지만 여기서는 달팽이를 화학물질로 없애버리지 않아요. 예를 들어 여기선 나무 울타리를 심어서 새들이 오게 하거나 습지를 만들어서 개구리가 오게 해요. 새와 개구리가 달팽이를 먹도록 하는 거죠."

무앙사르투 학생들의 생태농업 수업
학교 급식 재료를 재배하는 농장에 견
학 온 아이들이 유기농업과 달팽이에
대한 설명을 듣고 있다. 무앙사르투의
학생들은 생태농업의 주요 원리를 실
습을 통해 배운다.

학교 급식을 책임지는 오트콩브 농장

내가 오트콩브 농장에 찾아온 것은 바로 이곳이 우리가 해결해야 할 문제에 답이 될 만한 먹거리 모델의 본보기이기 때문이다. 무앙사르투 지역 의원들은 이 앞선 시스템으로 해결책이 우리 손 닿는 곳에 있음을 증명하고 있다.

이 농장에서는 매년 25톤의 과일과 채소가 생산된다. 화학비료와 농약을 사용하지 않고, 될 수 있는 한 밭을 갈아엎는 것을 피하고, 각 과일과 채소가 나는 계절을 존중하며, 다양한 종을 복합적으로 재배해 생물다양성을 보전하는 방향으로 생산이 이루어진다. 그러나 무엇보다도 이 시스템을 특별하게 만드는 특징이 있다. 바로 이곳의 모든 생산물은 매일 약 1,200끼니를 책임지는 지자체 내 여덟 개 학교 급식을 위한 것이라는 점이다.

이 시스템을 탄생시킨 장본인 중 한 명인 질 페롤 의원을 농장에서 만났다. 프랑스 칸 지역에서 태어난 그는 초등학교 교사 출신으로 20년째 무앙사르투 보육 및 교육 부서에서 일하고 있다. 그리고 지난 몇 년 전부터는 좋은 급식을 위해 특유의 희망적인 기운을 퍼뜨리며 꾸준히 활동해왔다. 그는 이 문제에 적극적으로 참여하는 단체인 '더 유기농으로 Un plus bio'의 대표를 맡고 있다. 지독한 슬럼프에 빠진 이라도 이 지중해 마을에서 그를 만나면 분명 조금은 희망을 얻어갈 수 있을 것이다.

마르망드 토마토가 심어진 밭을 함께 지나며 그가 말한다.

"우리는 건강과 환경을 위해 우리의 먹거리를 바꿔야 한다고 믿습니다. 전환에 돌입해야만 합니다. 그러기 위해서는 일상적 실천, 즉 날마다 하는 수많은 행동을 바꿔야 하죠."

변화는 그냥 찾아오는 것이 아니다. 변화는 정교하게 실행되어야 하고 디테일이 관건이며 실제 검증을 거쳐 시스템 전체를 다시 설계할 때 이룰 수 있다. 바로 그렇게 무앙사르투는 도전에 성공했다.

질 페롤 의원
무앙사르투 지역의원으로 오트콩브 농장 생산물을 지역 내 8개 학교의 급식 재료로 공급하는 시스템을 탄생시킨 장본인이다

농담에서 시작된 무앙사르투의 놀라운 급식 모험

질 페롤 의원은 이야기한다.

"이 사업의 진짜 계기는 바로 1996년 광우병 위기였습니다. 우리는 가축에게 잘못된 먹이를 주어 가축을 병들게 했고 가축은 인간을 병들게 했죠. 이 사태로 저희 부서 사람들 모두 엄청난 충격을 받았습니다. 우리는 우리가 아이들에게 주던 음식에 대해 다시 생각해봐야 함을 깨달았습니다. 그리고 이렇게 말하게 된 거죠. '최대한 빨리, 돈을 더 많이 들이지 않는 선에서 100% 유기농 급식을 하자!'라고요."

그렇게 무앙사르투의 놀라운 급식 모험이 시작됐다.

가장 먼저 해결해야 할 것은 수급 문제였다. 질 페롤 의원은 처음엔 유기농 식재료를 받아 사용했는데 상당수가 남미, 특히 과일의 경우 아르헨티나에서 온 것들이었다. 이것은 그가 추구하는 모델에 부합하지 않았다. 의원들은 바로 해법을 찾지는 못했다.

"이 모든 게 한 마디 농담에서 시작됐습니다. 우리끼리 말했죠. '정 구할 수 없으면 우리가 직접 키워야겠네요!'라고요."

이 농담에서 공영농장이라는 아이디어가 나왔다. 무앙사르투 코뮌은 오트콩브 농장을 매입해 이 농지가 부동산 개발업자들의 손에 들어가는 것을 막았다. 그리고 농부 세 명을 채용하여 3년 만에 유기농 농장으로 전환하는 데 성공했다.

질 페롤 의원이 말한다.

"저희가 종자를 사고 트랙터를 사고, 농장 경영자가 되었죠."

과일과 채소, 예를 들어 상추 같은 것들은 아침 일찍 수확되어 정오면 급식실에 모인 초등학생 아이들 입에 들어간다. 계절에 따라 수확물은 달라진다.

"여기서 오십 가지가 넘는 채소를 생산합니다. 지금은 전부 여름 채소들이죠. 겨울에는 파와 배추류, 근대, 시금치 등을 수확합니다. 이렇게 최고로 신선하고 품질 좋은 농산물을 먹을 수 있습니다. 예를 들어 토마토는 제대로 잘 익었을 때 수확할 수 있습니다. 수송과 유통 때문에 수확한 것들을 냉장실에서 열흘씩 묵힐 필요가 없으니까요. 또 아이들은 자기들이 먹을 채소가 자라는 걸 밭에 와서 볼 수 있고, 때로는 작물을 직접 심을 수도 있죠."

무앙사르투는 이 공영농장에서 급식에 쓰이는 채소의 85%를 생산하고 있다. 나머지 15%를 다른 곳에서 수급하는 것은 농지가 부족해서가 아니라 늦겨울에 자라는 종이 다양하지 않아서다. 이 문제를 해결하기 위해 무앙사르투는 냉동식품 가공 공장에 투자를 했다. 곧 이 공장에서 여름에 가공해 냉동시킨 채소들을 사시사철 제공할 수 있게 될 것이다.

질 페롤 의원은 공영농장에서 공급받는 것 이외의 재료들은 품목별로 유기농을 도입하기로 했다. 생산자들이 앞을 내다보고 예측할 수 있게 하려는 의도에서다.

질 페롤 의원이 설명한다.

"한 품목을 항시적인 것이 아니라 띄엄띄엄 유기농으로 쓰면 한 산업을 조직화하는 것이 매우 어려워집니다. 반대로 저희가 2008년에 한 것과 같이 빵에 들어가는 밀가루는 항상 유기농을 쓸 것이라고 고지를 하면 판로가 생긴 생산자들은 장기적으로 이에 맞춰가게 됩니다. 제빵사가, 제분업자가, 곡물을 생산하는 농부가 이를 사전에 알게 되는 것이죠. 그러면 모두가 이에 맞추어 생산을 하게 됩니다."

4년 만에 100% 유기농 급식 전환을 이루다

무앙사르투는 아이들이 가장 흔히 먹고 유기농이라고 해서 훨씬 비싸지 않은 품목부터 시작했다. 바로 빵, 요구르트, 사과다.

의원들은 아이들에게 제공되는 먹거리 중 유기농이 차지하는 비중이 금방 20%로 오르는 것을 확인했다. 그리고 놀랍게도 단 4년 만에 100% 유기농 급식 전환 목표가 달성되었다.

질 페롤 의원이 기억을 되짚는다.

"당황스러울 정도로 수월했습니다. 모든 행정 단위 대표들이 20%도 충분한 결과라고 말했지만 그들이 잘 몰랐던 거죠."

나는 급식의 유기농 비중을 20% 이상으로 끌어올리기를 주저하는 의원들이 많다는 것에 대해 이야기했다. 그들이 내세우는 이유 중 하나는 거리 문제다. 의원들은 이야기한다. 멀리서 온 유기농으로 유기농 급식을 하는 것은 의미가 없다고, 그럴 바에는 집 근처에서 재배된 채소를 먹는 편이 낫다고.

질 페롤 의원이 이야기한다.

"그들은 문제를 잘못 파악한 것입니다."

그는 유기농이 아닌 지역 농산물을 소비하는 것이 지속 가능한 발전 면에서나 주민들의 건강 면에서나 반드시 좋은 해법은 아니라고 말한다.

"동네에서 재배된 채소라 해도 농약을 잔뜩 뿌려 키운 것이라면, 먹는 순간 우리 몸에 병을 일으키는 요인이 될 뿐 아니라 재배 과정에서 우리가 숨 쉬는 공기와 토양을 병들게 할 것

무앙사르투 공영농장
이곳에서 아침 일찍 수확한 과일과 채소는 정오면 초등학생 아이들 입에 들어간다. 지역 내에서
직접 키워 이용하려고 시작한 지 4년 만에 유기농 농장으로 전환했으며 이곳에서 급식에 쓰이는
채소의 85%를 생산한다.

더 나은 세상을 위한 레시피

입니다!"

또한 질 페롤 의원은 어떻게든 지역 생산물만을 고집하는 것이 경제적으로 반드시 좋은 결과를 보장하는 것도 아니라고 말한다.

"일각에서는 말합니다. '우리 농민을 살려야 한다, 지역 농업으로 전환하자'라고요. 그러고는 유기농은 전혀 신경 쓰지 않습니다. 하지만 관행 농가는 더 이상 농사로만 먹고살 수 없습니다. 유기농가는 삶이 나아지고 있고요. 지역 농업인들이 유기농으로 전환할 수 있도록 도와야 합니다. 사실 지역 유기농 산물이 최고입니다. 하지만 유기농이 아니라면 지역과 조금 떨어진 곳에서 생산된 것일지라도 화학물질이 들어가지 않은 식품을 구입하는 것이 낫다고 생각합니다."

농장 한가운데에 있는 가옥 앞으로 돌아와 내가 물었다.

"100% 유기농은 불가능하다고 주장하는 의원들을 의원님께서는 어떤 말로 설득하시겠습니까?"

"저는 그분들께 다음과 같이 질문하겠습니다. 여러분 지역의 도시화 계획에 농지가 포함되어 있습니까? 유기농가 정착을 위한 지원책에 투표하셨습니까? 지속 가능한 먹거리를 구매하도록 지역민들을 설득하셨습니까? 이건 정치적 의지의 문제입니다! 정치적 패기, 의지를 막을 수 있는 건 아무것도 없습니다. 특히나 그것이 시민들의 기대에 부합한다면 더욱이 말입니다."

아이들을 위해 더 질 좋은 급식을 요구하는 학부모 단체가 점점 늘고 있다. 질 페롤 의원은 많은 경우 이러한 단체들이 의원들보다 이 주제에 관해 더 잘 알고 있다고 말한다. 학부모 단체들은 할 수 있는 것들에 대한 자료를 모으지만, 의원들은 모두가 여기에 시간을 할애하지는 않는다는 것이다.

유기농은 '홍보 수단'이 아니다

정오가 됐다. 우리는 이곳에서 몇 킬로미터 떨어진 에메르갈 학교 아이들에게로 향했다. 가는 길에 질 페롤 의원이 말한다.

"무엇보다도 유기농을 '홍보' 수단으로 내걸어서는 절대 안 됩니다. 몇몇 지자체는 이미 그렇게 하는 것 같지만 말입니다. 그들은 말하죠. '가끔 유기농 급식을 해서 지역지에 세 장 정도 내보내야겠다'라고요. 그 뒤로는 도넛과 초가공식품ultra-processed food들을 주문하죠. 유기농 급식 목표가 제대로 이루어지려면 선택에 일관성이 있어야 하고 언제나 건강과 환경을 고려해 행동하고 구매를 결정해야 합니다."

유기농 급식에 호의적이지 않은 이들이 내세우는 이유 중 하나는 가격이다. 질 페롤 의원은 유기농을 구매하는 게 더 비싸다는 점을 인정한다. 그 역시 이와 같은 어려움에 직면했었다. 그의 목표는 예산을 그대로 유지하면서 유기농 급식으로 전환하는 것이었기에 방법을 찾아야만 했다. 그리고 마침내 쓰레기통을 뒤져 그 방법을 찾아냈다! 아이들이 버린 음식물의 양이 어마어마함을 알게 된 것이다.

"경제적으로나 윤리적으로나 말도 안 되는 일입니다. 우리는 배고플 때 밥을 넉넉히 먹을 수 없는 사람들도 있다는 걸 잘 알지 않습니까."

음식을 버리는 것은 이 작은 프랑스 남부 도시의 가치에 맞지 않는다. 식품을 생산하는 데 들인 수많은 인력과 수자원이 낭비되는 것 아닌가!

다른 모든 지자체와 마찬가지로 무앙사르투의 급식실에서도 조리된 음식의 3분의 1이 쓰레기통에 버려지곤 했다. 그래서 조리하는 양과 배식되는 양을 점검했고 이를 아이들 입맛에 맞춰 조정했다.

유기농 급식을 실현할 수 있었던 비결

아이들이 급식소 앞 복도에 줄을 서 있다.

급식소에 들어서면 아이들은 일단 각자 식판을 챙긴다. 맨 먼저 고르는 것은 그날 아침 오트콩브 농장에서 보내온 제철 생채소가 담긴 그릇이다. 세 가지 크기 중 선택할 수 있다. 질 페롤 의원이 설명한다.

"우리는 음식마다 대, 중, 소로 각기 다른 양을 선택할 수 있게 합니다. 아이들이 스스로 먹고 싶은 만큼 고르는 것이죠. 물론 양이 부족하면 더 받아올 수 있고요. 이렇게 하면 조리할 양도 줄고 구매할 양도 줄어듭니다."

여기서 끝이 아니다. 식사를 마치면 아이들은 각자 식판을 들고 가서 잔반통들에 남은 음식을 붓는다. 전식은 전식끼리, 메인 요리는 메인 요리끼리, 디저트는 디저트끼리 모은다. 아이들 한 명 한 명 모두가 아주 당연하다는 듯 남은 음식을 구분해 버린다. 질 페롤 의원이 말한다.

"아이들은 이 문제에 아주 적극적으로 참여합니다. 변화에 매우 열려있죠."

이후 잔반의 무게를 측정한다. 조리한 양과 버려진 양을 비교하기 위해서다. 만약 그 차이가 너무 크다면 다음번에는 구매량을 줄인다. 질 페롤 의원이 말한다.

"예를 들어서 한번 당근을 500kg 주문해서 그중 70kg을 버렸는데, 다음번에 같은 요리를 할 때 또다시 당근 500kg을 주문한다면 그건 바보 같은 짓이겠죠!"

하지만 이와 같은 일이 프랑스의 거의 모든 학교 급식실에서 벌어지고 있다. 급식실들은 정부가 권장한 '평균 섭취량', 즉 일인당 평균적으로 섭취해야 할 각 음식물의 그램 수를 기준으로 여기에 배식 인원을 곱한다.

"현실은 다음과 같습니다. 이 권장량만큼을 주문하고 그다음 날 그중 3분의 1을 버립니다. 저희는 바로 이것을 끊어낸 것입니다. 저희는 현실에 맞는, 저희만의 '평균 섭취량'을 구현해냈습니다."

이렇게 해서 무앙사르투의 급식실들은 아이 한 명당 한 끼 식사에서 나오는 잔반의 양을 30g까지 줄였다. 무려 80%나 줄인 것이다. 이는 한 명의 식사에 20상팀(한화로 약 270원-옮긴이)씩 절약하는 셈이다. 질 페롤 의원이 말을 맺는다.

"절약을 통해 100% 유기농 급식을 이룰 수 있음을 증명한 것이죠. 몇 가지 관행만 바꾸면 됩니다."

에메르갈 학교의 급식시간
에메르갈 학교에서는 아이들이 스스로 먹고 싶은 만큼 고를 수 있도록 대, 중, 소로 선택할 수 있게 한다.(위) 그리고 식사를 마치면 아이들은 각자 남은 음식을 종류별로 잔반통에 붓는다.(아래) 이렇게 남은 음식의 양을 측정해 잔반을 80% 줄였고 그 절약한 돈을 유기농 식재료 구입에 쓴다.

급식은 화학비료와 농약에서 벗어나는 지렛대

　남은 음식을 처리하는 아이들의 모습은 더할 나위 없이 자연스러웠다. 시스템이 작동하는 모습을 눈앞에서 보니 너무나 당연히 그래야만 하는 것으로 느껴져서 이것이 왜 전국적으로 보편화되지 않았는지 의문이 들 정도였다. 이러한 시스템이 조금씩 프랑스 내에, 그리고 외국에 퍼져가고 있지만 표준이 되기에는 아직 멀었다.

그럼에도 급식은 먹거리 모델 전환의 엄청난 지렛대다. 예를 들어 프랑스에서는 매년 10억 끼 이상이 급식을 통해 제공된다. 이러한 급식이 100% 유기농으로 전환되면 농업은 농약과 화학비료에서 벗어나 지속 가능한 모델로 거듭날 수 있을 것이다. 지구를 지키고 싶다면 이 합성 물질들로부터 벗어나는 것이 필수다.

유엔식량농업기구^{FAO}에 따르면 화학비료와 농약은 수질오염의 주원인이다. 화학비료와 농약에 함유된 질소와 인은 살포된 후 지하수로 흘러들거나 지표수로 유입되는데 이 영양물질들이 물속에 과다해지면 조류가 대량 증식해 기타 수생 동식물이 죽게 된다.

또 벌레를 죽이는 살충제, 잡초를 없애는 제초제, 진균을 죽이는 살진균제는 인간과 동식물 모두에 영향을 미치는 발암물질과 유해물질을 퍼뜨리며 담수를 오염시킨다.

농약은 잡초와 새와 동물들의 먹이가 되는 벌레를 없애 생물다양성을 약화시킨다. 농약으로 인해 사라지는 생물 중에는 벌과 같은 다양한 종의 수분 매개자들처럼 생태계 재생에 필수적인 종들이 있다. 또 포식자들처럼 해충 번식을 막는 데 필요한 종들도 있다.

한편 화학비료 살포는 아산화질소의 주 배출원이다. 아산화질소는 이산화탄소보다 온난화 효과가 310배나 강력하다. 아산화질소는 지구온난화를 일으키는 온실가스 중 세 번째로 큰 비중을 차지하는 것으로 나타났다. 아산화질소는 오존층 파괴의 원인이기도 하다.

질 페롤 의원과 헤어지기 전 나는 마지막 질문을 던졌다.

"의원님은 이렇게 세상을 바꿔나가는 힘을 어디서 얻으십니까?"

그가 대답한다.

"저는 우리에겐 이제 두 가지 선택지만이 남았다고 생각합니다. 속도를 내서 더 빨리 전환의 길로 향하느냐, 아니면 실패하느냐."

4

100%

**100% 유기농 급식이라는 모델이 과연
넓은 범위에도 적용 가능할까?**

외레순 해협과 맞닿은 스웨덴 제3의 도시 말뫼에 나선형의 초고층 빌딩 터닝 토르소가 바람 많은 하늘 가운데 높이 서 있다. 북해와 발트해를 잇는 이 해협의 반대편에는 석양에 건물들의 윤곽이 뚜렷이 드러나는 덴마크의 수도 코펜하겐이 있다. 마주 보는 이 두 도시는 먹거리 전환을 두고 서로 경쟁 중이다. 두 도시 모두 무앙사르투와 마찬가지로 100% 유기농 급식이라는 길을 택했다.

9월 초, 나는 100% 유기농 급식이라는 모델이 과연 넓은 범위에도 적용 가능한 것인지 알아보기 위해 스칸디나비아 지방으로 떠났다. 어떤 사람들은 무앙사르투의 규모를 이유로 질 페롤 의원의 성공에 반박하기 때문이다.

급식 식재료의 90% 이상이 유기농인 학교

날마다 말뫼와 그 이웃 도시 룬드에서만 10만 6천 끼의 식사가 학교, 양로원, 병원을 통해 제공된다. 거의 전부 유기농으로 만들어진 식사다.

5세에서 16세 아이들을 대상으로 하는 말뫼의 림함^{Limhamn} 초중등학교는 원하는 경우 아침식사도 제공한다. 스웨덴의 다른 학교에서처럼 이 역시 무료다. 이곳 급식소에서 말뫼 시의 여러 급식소를 책임지고 있는 헨리크 린드 씨를 만났다. 그는 냉장실의 문을 열고는 재빨리 식재료들의 재고를 확인하기 시작했다. 그는 내게 어떤 것이 유기농이고 어떤 것이 아닌지 알려주었다.

"보세요, 여기 유기농 마요네즈가 있고요, 이건 유기농 두유, 유기농 청어, 유기농 레몬즙, 유기농 머스터드, 유기농 케첩, 유기농 쌀, 유기농 파스타, 유기농 흰강낭콩, 유기농 완두콩,

유기농 달걀……."

내가 방문한 날, 이곳에 보관된 제품 가운데 90% 이상이 농약이나 화학비료를 쓰지 않는 농업으로 생산된 것들이었다. 린드 씨가 설명한다.

"유기농이 아닌 것들은 특수한 식단에 필요한 재료들입니다. 글루텐 알레르기나 유당 알레르기가 있는 아이들을 위한 거죠. 이러한 특수한 식단을 따라야 하는 아이들이 점점 더 많아지고 있습니다. 100% 유기농을 목표로 하는 저희가 풀어야 할 숙제 중 하나입니다."

급식 식재료를 하나하나 보여주는 헨리크 린드
림함 초중등학교의 식재료는 알레르기 등으로 인해 특수한 식단에 따라야 하는 경우를 제외하고는 모두 유기농 제품이다.

점심시간이 되자 아이들이 급식실 뷔페 앞에 줄을 서기 시작한다. 무앙사르투의 모델과 같이 아이들은 각자의 양에 맞게 스스로 음식을 담는다. 다양한 생채소, 녹두를 비롯한 콩류, 감자 수프, 후무스(병아리콩을 으깨어 만든 음식-옮긴이) 등이 있다.

스웨덴 교사들은 급식실에서 아이들과 함께하며, 식사 시간은 교육 시간에 포함된다. 헤일리 우드 교사가 아이들과 한 식탁에서 식사하며 내게 이야기한다.

"급식실에서의 시간 역시 교육의 시간입니다. 교사들은 아이들이 스스로 음식을 담는 것을 돕습니다. 아이들이 먹을 것을 고르면 저희는 그것이 영양적으로 다양하고 균형이 잡혔는지 확인하죠. 그리고 함께 한 식탁에 둘러앉습니다. 이때 교실에서보다 더 활기차게 대화를 나눌 수 있죠. 저희는 아이들이 접시에 담아온 것을 다르게 보도록, 그것에 대한 의식을 갖도록, 또 중요성을 알도록 도와줍니다."

말뫼 시의 목표는 늘 100%

말뫼 시 공공 기관 급식소의 식재료는 현재 85% 이상이 유기농이며 말뫼 시는 곧 90%를 넘어설 것으로 보고 있다. 이런 결과를 얻기까지 십 년이 걸렸다. 하지만 이 길을 택한 그 순간부터 말뫼 시의 목표는 늘 100% 유기농이었다.

말뫼 시의 환경 정책 담당자인 헬렌 닐손이 알려준 성공의 비밀은 바로 공급자와 장기적으로 긴밀한 협조하에 일하는 것이다. 헬렌 닐손이 설명한다.

"저희가 하루하루 제공해야 하는 식사 수가 어마어마합니다. 필요한 양이 워낙 많아서 8년 전만 해도 목표 달성이 불가능했죠."

해가 갈수록 말뫼 시는 생산자들에게 유기농 제품을 점점 더 많이 주문했고 유기농이 아닌 것은 거부하기 시작했다.

"우유의 경우를 말씀드릴게요. 저희는 유기농으로 전환하기 위해 새로이 입찰 공고를 냈습니다. 시장을 차지하기 위해 경쟁하는 우유 생산자들은 선정이 되려고 가능한 한 낮은 가격을 제시했죠. 학교 급식소라는 게 굉장히 많은 수의 아이들을 위해 요리하는 곳이기 때문에 저희는 그만큼 큰 고객이고 공급자들은 저희 쪽에 맞추는 것이 이익입니다. 저희는 공급자들에게 우리 급식소만을 위한 새로운 제품을 개발해 달라고 요구할 수 있고 제품이 만족스러우면 주문을 합니다."

수요가 공급을 창출했다. 공급자들은 요청하는 제품을 개발

했고 농장들은 화학비료나 농약을 사용하지 않는 농업으로 전환했으며 몇 년 뒤엔 유기농 생산량이 엄청나게 증가했다.

"저희 정책이 유기농 생산 증가에 기여한 것입니다. 의심의 여지가 없습니다."

말뫼와 룬드 시 주변의 지자체들 또한 이득이었다. 유기농의 생산량이 늘고 가격은 낮아지면서 유기농을 납품받을 수 있는 지자체들이 점점 더 많아지고 있다. 이미 일부 지자체들에서는 급식의 유기농 비중을 60%까지 끌어올렸다.

이렇게 말뫼와 룬드는 더 높은 값을 치르지 않고도 유기농 식재료의 구매를 대폭 늘리는 데 성공했다.

이와 유사한 길을 택한 코펜하겐의 경우 모든 공공 기관에서 제공되는 식사, 즉 매일 7만 명분 급식의 유기농 비중이 97%에 이른다.

식탁 위 혁명으로 2002년 대비 온실가스 20% 줄여

프랑스의 경우 유기농이 점점 증가하는 추세에 있긴 하지만 가장 최근 통계에 따르면 프랑스 단체 급식소의 유기농 제품 구매 비중은 여전히 5% 이하에 머물러 있다.

프랑스에서 2018년에 제정된 식품 관련 법률은 이 분야에서 혁신적이고자 했음에도 목표한 바는 급식의 유기농 비중을 2022년까지 겨우 20%까지 키우는 것이었다. 헬렌 닐손에게 이에 대한 의견을 물었다.

"급식의 유기농 비중 20%를 목표로 삼는 도시나 국가에 대해 어떻게 생각하십니까?"

"저희의 경험에 따르면 목표를 더 높이 잡아야 합니다. 목표치가 낮을 때보다 목표치가 높을 때 달성하는 바도 클 것입니다. 예를 들어 50%를 목표하면 아마도 40% 정도를 이룰 것이고 70%를 목표하면 60%를 성취할 것입니다. 100%를 목표하면 85%를 이뤄낼 것입니다."

"그렇다면, 그런 목표를 이루기 위해서는 비용이 너무 많이 든다는 이유로 반대하는 지자체나 정부에는 어떤 말을 들려주시겠습니까?"

"저는 이렇게 이야기하겠습니다. 더 깊이 알아보면 더 많은 비용을 치르지 않고도 그것이 충분히 가능하다는 것을 알게 될 거라고요. 저희의 경우 십 년 안에 경비 증가율이 물가 상승률과 맞먹게 되었습니다. 그 이상을 넘지 않습니다. 시간과 노력이 필요하지만 어쨌든 분명 가능한 일입니다. 말뫼 시는 아이들뿐 아니라 양로원의 노인들, 병원의 환자들에게 먹거리가 매우 중요하다고 생각하며 우리가 여기에 더 가치를 두어야 한다고 믿습니다."

이 식탁 위의 혁명으로 말뫼 시는 또 다른 목표도 이룰 수 있었다. 음식으로 인한 온실가스 배출을 2002년 수준 대비 20%나 감축한 것이다.

"유기농은 관행 농업, 다시 말해 공업형 농업보다 환경에 미치는 영향이 적습니다. 유기농으로 생산과 수송, 화학비료와 농약 살포에 드는 에너지를 절약할 수 있습니다. 그리고 화학비료와 농약에 포함된, 환경에 유해한 가스가 배출되는 것 또한 막을 수 있죠."

5

희망

**"자신의 식생활을 바꾸는 사람들이 많아질수록
우리는 더 큰 변화를 이룰 수 있습니다."**

1965년. 탄자니아 밀림 속 한 젊은 여성. 가냘프다시피 한 체구다. 대충 묶은 금발 머리, 살짝 헐렁한 베이지색 셔츠에 단화 차림의 그녀. 그녀가 한 작은 생명체를 향해 손을 내민다. 플린트라 이름 붙여진, 눈동자가 빛나는 아기 침팬지. 이 순간이 내셔널지오그래픽의 카메라에 포착된다.

2019년. 파리의 한 웅장한 강연장. 그녀가 무대로 걸어 나온다. 같은 눈빛, 같은 머리 모양. 하지만 머리가 하얗게 세었다. 그사이에 흐른 세월. 기립 박수가 쏟아진다.

제인 구달과의 만남

제인 구달과 처음 만난 것은 2019년 폭염이 기승을 부리던 어느 날 그녀가 파리에 방문했을 때였다. 영국 출신의 세계적 영장류학자이자 인류학자인 제인 구달은 '희망의 이유'라는 제목으로 강연을 하기 위해 이곳에 왔다. 86세를 맞이한 그녀는 침팬지들이 먹기 위해 도구를 이용하는 것을 처음으로 관찰한 사람으로, 환경보호를 위한 투쟁을 쉼 없이 이어가고 있다. 제인 구달은 이날 르몽드 기자에게 다음과 같이 말했다.

"나는 매해 내가 살아갈 날이 줄고 있다는 것을 압니다. 그래서 매해 조금이라도 더 변화를 이끌어내려고 노력하죠. 전망이 어두울수록 나는 더 굳세어집니다. 내가 투쟁을 멈추는 날은 그것이 변화를 만들어낼 거라고 믿지 않을 때일 것입니다. 설사 결국 실패하더라도 죽을 때까지 투쟁할 것입니다."

제인 구달은 야생동물을 그들의 자연 서식지인 동아프리카에서 가장 오랜 시간 연구한 인물로 인류 역사에 기록되었다. 오늘날 그녀는 전 세계를 돌며 그녀의 경험과 '희망의 이유'를 사람들에게 들려준다. 강연장은 매번 만석이다.

강연이 끝나고, 나는 내 프로젝트에 대해 들려주기 위해 그

녀 곁으로 슬그머니 다가갔다. 그녀는 내 프로젝트에 관심을 보였다. 그녀는 몇 주 후 오스트리아에서 강연이 예정되어 있다며 잠깐 시간을 낼 수 있다고 했고 우리는 그곳에서 다시 만나기로 약속했다.

"유기농 먹거리를 구매해야 합니다."

빈 시내의 한 호텔 객실에서 제인 구달을 다시 만났다. 먹거리 모델의 변화는 제인 구달이 강조하는 해결책 중 하나다. 제인 구달이 말한다.

"저는 공업형 농업에 대해 말할 때마다 정말 이상하다고 느끼는 점이 있습니다. 우린 그걸 전통적 농업이라고 부른다는 겁니다. 전혀 전통적이지 않은데도요!"

어렸을 적 그녀가 자란 영국 남부에서는 먹을 것들이 농장에서 왔다. 당시엔 밭을 비옥하게 만드는 데에 가축 분뇨가 쓰였다. 그녀는 새가 밭갈이 중인 땅 주변을 날고 벌레를 쪼아먹던 장면을 회상한다. 그녀에겐 그 세계가 이제 너무나도 멀게만 느껴진다.

"오늘날에는 상업적 농업이 발달했지요. 우리는 단일작물 재배에 이 광활한 공간을 쓰고 있습니다. 모든 야생동물이 조금씩 사라지고 있습니다. 우리가 녹지를 개간하기 때문이기도 하고, 화학물질을 사용하기 때문이기도 합니다."

제인 구달은 차분하고 부드러운 목소리로 쉽게 표현한다. 그녀는 거의 모든 이들이 알고 있으면서도 막상 장을 볼 때면 외면해버리고 마는 그 진실을 똑바로 보게 한다.

"화학 제초제는 잡초만을 없앤다고 생각하기 쉽지요. 천만에요. 화학 제초제는 모든 종류의 식물들을 죽입니다. 화학 살충제는 해충만을 없앤다고 여겨집니다. 천만에요. 화학 살충제는 다른 곤충들도 다 같이 죽입니다. 그리고 이 때문에 야생

생태계가 파괴되고 있습니다."

그녀의 맑은 눈빛이 강렬해진다.

"우리는 식물만 병들게 하는 것이 아닙니다, 토양도 병들게 하고 있습니다. 그리고 토양이 지닌 자연적인 비옥함이 줄어들기 때문에 화학비료를 점점 더 많이 씁니다. 이 화학비료들은 비에 쓸려 하천으로 흘러갑니다. 엄청난 문제입니다. 우리는 자연을 무너뜨리고 있습니다."

그러고는 때를 기다렸다는 듯 메시지를 전한다.

"유기농 먹거리를 구매해야 합니다. 그것이 화학비료와 농약을 떨쳐버리겠다는 의미니까요. 환경을 망가뜨리고 벌을 비롯해 식물의 수분을 위해 우리가 의지하는 곤충의 멸종을 부르는 화학비료와 농약에서 벗어나야 합니다."

벌을 포함한 곤충의 급격한 감소, 주범은?

2017년 10월에 한 중대한 연구가 과학 저널 〈플로스원PLOS One〉에 게재되었다. 연구진은 1989년부터 2016년까지 독일의 63개 자연 보호 구역 안의 날아다니는 곤충들의 개체 수를 집계했다. 연구진은 포획 장치를 이용해 매년 채집을 진행하

자연을 무너뜨리는 공업형 농업
단일작물을 재배하는 공업형 농업은 농약과 화학비료를 사용하며 이는 식물과 토양을 병들게 할 뿐 아니라 하천으로 흘러가 자연을 무너뜨린다. 제인 구달은 유기농 먹거리를 구입함으로써 화학비료와 농약에서 벗어나야 한다고 강력히 이야기한다.

여 각 무게를 비교했다. 연구 결과는 놀라웠다. 단 27년 만에 벌을 포함한 날아다니는 곤충의 총량이 75%나 줄었다. 전대미문의 급감이었다.

보호 구역 안의 기후 조건이나 토지 이용의 변화, 이용 가능한 물양의 변화와는 관계없이 진행된 쇠퇴였다. 분명한 원인이 없는 상태에서 연구진은 이 생물다양성의 급감을 설명할 두 가지 가정을 내놓았다. 하나는 기후변화가 작은 비중으로 원인을 제공했을 거라는 것이고, 다른 하나는 무엇보다도 갈수록 농약과 화학비료를 더 많이 사용하는 농업의 집약화가 주원인이라는 것이다. 연구진은 포획 장치가 설치됐던 자연보호 구역을 둘러싼 주변 땅의 90% 이상이 농경지라는 점을 지적했다.

2019년에 국제 학술지인 〈바이올로지컬 컨저베이션Biological Conservation〉에 게재된 또 하나의 연구에 따르면 곤충 종의 40% 이상이 쇠퇴하고 있으며 3분의 1은 멸종 위기에 있다. 곤충 종의 멸종은 포유류, 조류, 파충류보다 8배나 빠르다. 연구진은 집약농업의 발달을 주원인으로 봤다.

자신의 식생활을 바꾸는 사람이 많아지면

　제인 구달이 회상하기 좋아하는 또 하나의 기억이 있다. 바로 어린 시절 딸기 철이 다가올 때 느꼈던 설렘이다. 오직 그 시기에만 상점에서 딸기를 찾아볼 수 있었다. 사과는 여름이 끝나갈 무렵까지 기다려야 했지만, 저장성이 뛰어나 겨울까지도 보관해둘 수 있었다. 제인 구달은 몇 달이 지나도 여전히 좋았던 그 맛을 기억한다.

　"지금 우리는 완전히 다른 세계에 살고 있죠. 일 년 내내, 딸기가 자라지 않는 지역에서도 딸기를 살 수 있습니다. 우리는 원할 때, 원하는 것을, 때론 지구 반대편에서도 수입해올 수 있습니다. 여기에 석유가 얼마나 쓰이는지는 신경 쓰지 않고요."

　제인 구달은 제철을 기다려 과일과 채소의 진정한 맛을 맛보는 기쁨을 하루빨리 되찾아야 한다고 말한다.

　"식품 수송에 에너지를 낭비하지 말고 지역에서 생산된 제철 식재료만을 먹어야 합니다."

　대부분의 시간에 어디론가 이동 중인 제인 구달이 이 원칙을 지키기란 쉽지 않다. 하지만 그녀는 가능한 한 노력한다.

　"우리 모두가 선택할 수 있습니다. 모두가 세상을 바꿀 힘을 가지고 있습니다. 물론 단 한 사람의 변화로는 아무 효과가 없겠지요. 하지만 수십억 명이 변화한다면 우리는 다른 세상에 살게 될 것입니다."

제인 구달은 우리 모두가 각자의 식습관을 바꾸고 나아가 주변에 그 필요성을 설파하고 의식을 일깨워야 한다고 말한다.

"자신의 식생활을 바꾸는 사람들이 많아질수록 우리는 더 큰 변화를 이룰 수 있습니다."

내가 물었다.

"아직 우리에게 시간이 있나요? 너무 늦은 건 아닌가요?"

"저는 우리가 다 같이 힘을 합하면 우리가 지구에 준 병을 고칠 수 있으리라고, 적어도 기후위기를 늦출 수 있으리라고 믿습니다. 제가 전하고자 하는 메시지는 이렇습니다. 각자의 역할이 있고, 개개인의 선택이 쌓여 우리는 더 나은 세상으로 향할 것이라는 거죠. 지금 당장 행동해야 합니다. 제가 일 년 중 삼백일을 사람들의 의식을 일깨우러 다니는 이유도 그래서입니다. 한 가지 덧붙이자면, 제가 제 주변의 젊은이들에게 늘 하는 말이 있습니다. '설교하지 마세요. 공격적으로 지적하지 마세요. 마음을 얻기 위해 노력하세요.'"

6

혁명

그 축이 되는 것은 크게 네 가지다. 식품 생산 방식의 변혁,
수송 방식의 변혁, 소비 방식의 변혁, 음식물 쓰레기 처리 방식의 변혁.

옛 포츠담 천체물리학 관측소 언덕, 요한 록스트룀 박사가
지구를 살릴 해법을 찾아 나선 한 과학위원회의 놀라운 이야
기를 들려준다.

이 모든 이야기의 발단이 된 것은 다음과 같은 사실이었다.
건강한 식단이 어떤 것이고 세계적으로 지속 가능한 식품 생
산이 어떤 것인지를 그 누구도 과학적으로 정의 내린 적이 없
다는 것이다.

사람이 살 수 있는 지구를 위한 먹거리 혁명

요한 록스트룀 박사와 그가 이끄는 먹거리 전환을 위한 국제 재단인 잇^{Eat}은 대부분의 지도자들이 회피하지만 대단히 중대한 한 질문에 다가갔다. 과연 우리가 지구 한계 내에 머물면서, 다시 말해 지구와 우리의 건강을 해치지 않으면서 계속 증가하는 인구를 먹여 살릴 수 있을까? 이 물음에 답하기 위해 이들은 16개국 출신의 건강, 농업, 환경, 정치학 등 다양한 분야의 저명한 학자 37명을 규합해 잇-랜싯 위원회The Eat-Lancet commission를 출범했다.

박사가 말한다.

"저희는 우선 가장 건강한 식단을 과학적으로 정의하는 것부터 시작했습니다. 그다음 기후, 토양, 물, 생물다양성을 해치지 않기 위해 우리의 식품 생산 시스템이 넘어서는 안 될 경계선을 정립했습니다. 그리고 이 정보들을 통합했습니다."

그 결과가 2019년 1월 세계적인 학술 저널 〈랜싯〉에 게재되었다. 이들의 결론은 긍정적이었다. 2050년이면 100억 명에 다다를 세계 인구를 지구와 우리의 건강을 지키며 먹여 살리는 것이 아직은 가능하다는 것이다. 단, 우리의 먹거리 모델을 대폭 바꾼다면 말이다. 이들의 보고서는 세계 최초로 이를 위해 취해야 할 행동을 과학적으로 밝혔다. 그 축이 되는 것은 크게 네 가지다. 식품 생산 방식의 변혁, 수송 방식의 변혁, 소비 방식의 변혁, 음식물 쓰레기 처리 방식의 변혁.

요한 록스트룀 박사가 다음과 같이 요약한다.

"즉, 사람이 살 수 있는 지구를 지키기 위해서 반드시 완수해야만 하는 전 지구적 먹거리 혁명이라고 할 수 있습니다."

지속 가능한 농업 생산 방식

박사는 이 먹거리 전환이 파리협정 이행 지침의 많은 부분을 충족한다고 말한다. 즉 지구의 평균 온도를 산업화 이전 수준 대비 2℃ 이상 상승하지 않도록 억제하여 지구를 사람이 살 수 있는 곳으로 지켜나갈 수 있는 중요한 수단이라는 것이다.

이 보고서는 제인 구달이 세계 곳곳에 전하고 있는 메시지에 힘을 실어준다. 요한 록스트룀 박사가 말한다.

"지속 가능한 농업 생산 방식으로 이행하는 것이 시급합니다. 지하수에서 과잉 검출되는 화학비료와 물의 사용량을 강력히 통제해야 합니다."

보고서는 관행 농업 모델이 더는 지속될 수 없다는 것을 증명한다. 생태계를 복원하고 생물다양성 보전을 보장할 수 있는 생산 방식을 대거 도입해야 하며, 공업형 농업으로 인해 훼손되고 파괴된 토양을 되살려야 한다고 밝힌다. 연구진이 제안한 방법 중 하나는 농지를 탄소 저장고로 바꾸는 것이다. 현재 산림 벌채와 경작은 대기 중에 지속적으로 더 많은 이산화탄소를 배출하며 지구온난화를 심화시킨다. 하지만 토양이 이산화탄소를 흡수하도록 하면 이 반대의 효과를 얻을 것이다.

록스트룀 박사가 설명한다.

"이를 위해서는 무경간 시스템을 도입해 땅을 갈지 않는 농업 기술을 이용해야 합니다."

무경간 농법은 밭갈이를 대폭 제한하여 생물다양성을 보존하고 이산화탄소 배출을 억제한다. 영농 체계에 나무와 산울타리, 초원을 되살리는 것 또한 널리 적용해야 할 농업 방식 중 하나다. 이러한 방식은 토양이 다량의 탄소를 잡아두고 저장하는 능력을 키우도록 해준다. 또한 새들과 수분 매개자 등을 돌아오게 해 생물다양성을 증진시킨다.

지역 먹거리 소비가 지구온난화를 막는다

제인 구달이 반복해 말하는 바와 마찬가지로 연구진은 음식물의 원산지를 확인해 지역 생산물을 소비해야 한다고 말한다. 그것이 과일이든, 채소든, 곡물이든, 고기든, 생선과 갑각류 등 해산물이든 간에 상관없이 모두 말이다. 지역 먹거리를 소비함으로써 석유와 천연가스 등의 화석 연료를 다량 사용해 지구온난화를 심화시키는 식품 운송을 줄일 수 있기 때문이다.

보고서에 제시된 방침들은 연구진이 새롭게 고안해낸 것들이 아니다. 이미 존재하며, 또 기능하고 있는 것들이다. 다만 연구진은 이 방식들이 시급히, 대규모로 실행되어야 함을 입증해 보였을 뿐이다. 먹거리 혁명은 미룰 수 없다.

빈의 호텔 객실에서 다시 만난 제인 구달이 내게 말했다.

"제가 태어난 시대에는 그래도 괜찮았죠. 지금 태어나고 싶지는 않아요. 우리는 우리 아이들의 미래를 훔쳤습니다. 아이들이 풀어야 할 문제가 너무도 많습니다. 다행히 젊은이들이 도전에 나섰죠. 이들은 열정을 쏟고 있습니다. 때로는 그 열정이 지나쳐 낙담하는 이들도 있지만, 어쨌든 배워나가고 있죠."

그녀가 웃음을 보이고는 다시 말을 이었다.

"인간의 의지는 꺾을 수 없습니다. 사람들은 불가능에 도전하며 포기하지 않습니다. 그리고 다행히도 자연은 회복됩니다. 화학비료와 농약이 뒤덮었던 밭 한 뙈기를 유기농으로 전환하는 데에 이삼 년이 걸립니다. 이것이 우리가 가야 할 길이고 젊은이들이 배우는 바입니다."

제인 구달에게 좌절은 어울리지 않는다.

"건강한 땅, 건강한 음식, 건강한 생태계. 이것이 젊은이들의 희망입니다. 우리는 이러한 것들의 일부입니다. 우리는 이들에 의존합니다. 그런데 우리는 현대 기술로 이와 분리되려 했고 그것이 오늘날의 비극을 낳았습니다."

7

음식물 쓰레기의 재탄생

안쪽으로 균류가 보인다. 마술이 펼쳐진 것이다.
쓰레기가 땅을 비옥하게 하는 새로운 자원으로 재탄생했다.

먹거리 생산 방식의 변화만으로는 충분치 않다는 것이 잇-
랜싯 위원회의 연구 결과다. 온실가스 감축 목표를 달성하기 위
해서는 2050년까지 음식물 쓰레기를 절반으로 줄여야 한다.

전 세계적으로 매년 13억 톤의 음식물이 버려지고 있다. 매
초 41톤, 세계 식량 생산량의 3분의 1이 버려지는 셈이다. 엄
청난 환경 문제다. 오늘날 프랑스를 포함하여 대부분의 국가
에서는 음식물 쓰레기가 분리 수거되지 않는다. 이 쓰레기들
은 소각되거나 거대한 처리장에 매립된다. 음식물 쓰레기는

이산화탄소보다 환경에 더 해로운 메탄과 같은 가스를 내뿜는다. 음식물 쓰레기를 한 국가로 치면 세계에서 세 번째로 심각한 온실가스 배출국일 것이다.

그러나 우리에겐 이 문제를 해결할 방법이 있다. 공권력의 주도가 부재한 가운데 스스로 앞장선 시민들에 의해 탄생한 해결책이다.

1초마다 41톤씩 버려지는 음식물이 새로운 자원으로

스테판 마르티네즈는 전형적인 파리 토박이 스타일이다. 베레모에 회색 정장 조끼, 하얀 셔츠, 검은 넥타이, 수염이 희끗희끗한 각진 얼굴에 파란 눈을 한 그는 어떤 상황에서도 항상 세련된 모습이다. 우리가 만나기로 한 파리 남쪽의 코뮌, 베르그랑의 대형 쓰레기장에서도 그는 기품이 있다. 그리고 이곳에서 그의 마술이 펼쳐진다. 버려진 음식물들이 새로운 자원으로 재탄생한다. 그가 말한다.

"변화를 이루어내는 데 스스로 동참해야 함을 우리 모두가 깨달아야 합니다. 모두가 쓰레기를 수거하고 재활용하는 데에 참여해야 합니다. 저는 음식물 쓰레기를 재활용하는 일이 가

스테판 마르티네즈
음식물 쓰레기를 발효시
켜 퇴비로 만드는 사업
을 추진해 현재 프랑스
대통령 관저를 비롯하여
950곳 넘는 거래처를
두고 있다.

장 쉽게 느껴져 시작한 것이고요."

삼대째 요식업에 종사해온 스테판 마르티네즈는 그의 식당
에서 날마다 얼마나 많은 음식물이 버려지는지를 깨닫게 된
날 이후로 완전히 다른 삶을 살게 됐다. 그날 그는 식당 지하
실에 상자 하나를 마련했다. 그리고 그 상자에 음식물 쓰레기
를 모으고 지렁이를 풀어두었다. 몇 달 뒤 그는 훌륭한 퇴비를
얻었다. 음식물 쓰레기가 지렁이의 도움으로 발효되어 바로
밭에 뿌릴 수 있는 자연비료로 변신한 것이다. 스테판 마르티
네즈가 말한다.

"일거리가 되겠다고 생각했어요. 그래서 이 자원을 수거하

는 산업 조직이 있는지 알아봤습니다. 하지만 전혀 없었어요. 놀라웠습니다."

그래서 그는 다른 요식업자들도 이 길로 들어설 수 있게 할 조직을 만들어야겠다고 결심했다. 그렇게 물리노 콩포스트 Moulinot Compost가 탄생했다. 그가 설명한다.

"저는 정부가 우리에게 해야 할 일을 말해줄 때까지 기다려야 한다고 생각하지 않습니다. 그건 좋은 방식이 아니에요. 확신이 들면 행동을 하고, 정부에 그것이 가능하다는 것을 보여줘야죠!"

그는 오십 년 전만 해도 음식물 쓰레기가 재활용되었음을 상기시킨다. 식당에서 버려진 채소, 과일 껍질들은 수거되어 돼지 사료로 쓰였다. 커피 찌꺼기는 정원사들이 가져다가 퇴비와 섞어 화초를 키우는 데 사용했다. 남은 빵은 말 사육장에 보내졌다.

"옛날 사람들은 남은 음식물을 재활용했습니다. 낭비되는 것이라곤 없었죠."

물리노 콩포스트는 조상들의 방식을 현대에 맞게 바꿨다. 바이오가스로 가동되는 친환경 트럭 25대가 식당, 학교 급식소, 병원, 양로원, 패스트푸드점, 회사 급식소 등을 돌며 음식물 쓰레기를 수거한다. 현재 이 회사는 파리를 포함한 일드프랑스 지역에 거래처를 950곳 이상 두고 있다. 프랑스 대통령 관저 엘리제궁도 그중 하나다. 매달 수거되는 양만 1천 톤이 넘는다.

땅에서 나와서 땅으로 돌아가다

이렇게 수거된 음식물 쓰레기는 베르르그랑의 퇴비화 센터로 옮겨진다. 스테판 마르티네즈와 만난 곳이 바로 이곳이다. 이곳에서 우선 쓰레기들이 추려진다. 잘못 딸려 온 비닐봉지와 박스 따위를 기계가 걸러낸다. 다음으로 쓰레기에 열을 가해 '위생 처리된' 균질한 혼합물을 만든다. 이렇게 만들어진 혼합물 중 일부는 이를 바이오 메탄으로 바꿀 수 있는 시설을 갖춘 농가에 보내진다. 바이오 메탄은 유기물이 발효되면서 만들어지는 가스로, 자동차나 난방 시설의 연료로 쓰이거나 다른 가스류를 생산하는 과정에 원료로 투입될 수 있다. 하지만 이 유기 혼합물의 대부분은 퇴비를 만드는 데 쓰인다. 설비 옆에 선 스테판 마르티네즈가 길게 줄지어 있는 거대한 갈색 물질 더미를 가리키며 말한다.

베르그랑의 퇴비 공장
식당, 학교 급식소, 병원, 양로원, 패스트푸드점, 회사 급식소 등에서 수거된 음식물 쓰레기는 이곳에서 몇 단계의 공정을 거쳐 퇴비로 변신한다.

"우리 거래처들의 잔반이 바로 이 안에 있습니다. 더 이상 알아볼 수는 없지만, 이 안에 브로콜리, 상추, 완두콩, 당근이 있고, 고기도 조금, 생선도 조금 들었지요."

음식물 쓰레기 혼합물에는 가지, 잎사귀, 뿌리와 같은 식물성 폐기물들이 섞여 있다. 스테판 마르티네즈가 설명한다.

"마구잡이로 뒤범벅된 것처럼 보이지요. 이것저것 뒤섞여 있긴 하지만 치밀하게 계산된 것입니다. 이 안에서 뭔가가 일어나고 있어요. 움직이고 살아있죠. 자연적으로 온도가 오르면서 모든 세균과 병원균이 죽을 겁니다."

더미 위로 김이 피어오른다. 수증기다. 발효와 함께 온도가 오르는 과정이 진행 중인 것이다.

그리고 생명이 돌아온다. 스테판 마르티네즈는 조금 더 멀리 떨어진 더미에서 한 줌을 쥐어든다. 아직 섬유질이 있다. 안쪽으로 균류가 보인다. 마술이 펼쳐진 것이다. 쓰레기가 땅을 비옥하게 하는 새로운 자원으로 재탄생했다. 하지만 아직 끝난 것이 아니다. 스테판 마르티네즈가 이야기한다.

"다음으로, 지렁이를 이용해 이 모든 자연적인 작업을 마무리 지을 겁니다."

그가 최종 더미 한 줌을 집어 올린다. 그 안에 지렁이가 여

섯 마리 정도 들어있다.

"여기서 지렁이의 역할은 자연에서 지렁이가 하는 것과 같
습니다. 우거진 나무 아래 부식토를 만드는 게 바로 이 동물이
죠. 지렁이는 유기물을 먹습니다. 그리고 중요한 것이 여기 보
이는 이것입니다."

그가 부드럽고 매우 고운 검은 물질을 엄지와 검지로 문지
른다.

"지렁이 똥입니다! 이것이 바로 지렁이가 자연에서 하는 역
할입니다. 자연에서 이 작은 동물은 식물들을 위한 부식토를
만들죠."

마지막 단계가 끝났다. 퇴비로 변신한 이 음식물 쓰레기는 유기농가의 토양을 비옥하게 해 새로운 음식물을 자라게 할 것이다. 스테판 마르티네즈가 힘차게 말한다.

"땅에서 나와 땅으로 돌아가는 것, 그것이 자연입니다."

한 요식업자가 시작한 이 놀라운 도전은 현재 성공 가도를 달리고 있다. 물리노 콩포스트는 한창 성장 중이다. 일 년 만에 직원이 25명에서 65명으로 늘었다. 여전히 쉽지만은 않지만 스테판 마르티네즈는 지금 그 어느 때보다 확고하다.

"저는 가능하다는 걸 증명하고 싶습니다. 순환 경제는 잘 작동합니다. 쓰레기를 새로운 자원으로 바꾸는 건 정말 간단한 일입니다. 천연자원을 끌어다 쓰지 않고도 수백만 입방미터의 바이오가스를 만들고 이를 연료로 트럭들을 운행할 수 있습니다. 이 회사는 환경 면에서뿐만 아니라 사회적으로도 엄청난 영향력을 미칩니다. 새로운 직업, 그리고 새로운 산업 분야를 만들어내니까요!"

그가 이어 말한다.

"저는 멀리 앞서 달리는 작은 토끼가 되고 싶습니다. 그리고 거대한 대기업들이 뒤에서 이렇게 말하는 걸 보는 거죠. '아!

저 토끼를 따라잡아서 똑같이 해야지.' 그렇게 우리는 좋은 방향으로 나아갈 추진력을 얻게 될 것입니다."

음식물 쓰레기가 공영 버스 연료로

스웨덴에 있는 인구 8만 명의 한 도시가 이와 비슷한 음식물 쓰레기 처리 시스템을 구축했다. 스웨덴 남부 도시 벡셰. 이곳에서는 지자체가 주민들이 버린 음식물 쓰레기를 수거한다. 그리고 물리노 콩포스트와 같은 방식을 거쳐 수거된 음식물 쓰레기를 바이오가스로 전환한다. 이렇게 만들어진 바이오가스는 벡셰 내 모든 시영 버스의 연료로 쓰인다. 이제 휘발유로 운행되는 버스는 단 한 대도 없다.

스테판 마르티네즈는 이러한 사례가 곧 프랑스 전역에서 조금씩 피어나기를 바란다.

"모두가 각자 할 수 있는 일이 있다는 걸 알아야 합니다. 저는 제 비료가 이에 보탬이 되었으면 합니다. 저는 이 비료를 사는 사람들이 이것이 음식물 쓰레기로 만들어졌다는 것을, 일자리를 만든다는 것을 깨닫고 이렇게 말했으면 합니다. '나도 우리 집 음식물 쓰레기를 작은 통에 모았다가 파리 시가 관리하는 음식물 쓰레기용 갈색 통에 넣거나 퇴비 처리기가 있는 공유텃밭에 가져가야겠네.'라고요. 밀린 일이 무척 많습니다. 모두 함께 시작해야 합니다."

8

감사

**프랑수아 파스토가 생각하는 책임 있는 요리란
무엇보다 음식을 존중하고, 식재료와 이를 재배한 이들에게
감사하는 마음을 갖는 것이다.**

파리 7구에 있는 그의 레스토랑 좁은 주방에서 프랑수아 파스토가 대표 메뉴 중 하나를 만들고 있다. 바로 콩깍지 수프다. 이 전채 요리는 그가 25년을 운영해온 식당 레피 뒤팽L'Epi Dupin을 유명하게 만든 수많은 '낭비 방지' 요리 중 하나다. 친환경 요리의 선구자인 그가 이 식당을 양도하기 몇 달 전에 그를 만났다.

프랑수아 파스토는 모두가 각자의 자리에서 해야 할 역할이 있다고 믿는다. 그리고 그 시작은 식재료에 큰 가치를 부여하

는 것이다.

"지구에 이로운 음식을 먹는다는 것은 무엇보다도 제철 재료를 구입하는 것입니다. 지구 반대편에서 제철이 아닌 재료를 구해온다거나 온실에서 자란 것을 고르지 않는 것입니다. 이는 완전히 잘못된 것이니까요!"

매일 새벽 생산자를 만나러 가는 요리사

프랑수아 파스토의 요리는 봄, 여름, 가을, 겨울의 사계절에 맞춰져 있다. 메뉴가 매달 바뀐다. 그의 하루는 새벽녘, 그가 소중해 마지않는 생산자들을 만나러 가는 것으로 시작된다. 생산자들은 때를 가리지 않고 흙 묻은 손으로 자연의 기적을 만들어내는 이들이며, 땅을 고르고 작물을 심고 물을 주어 돌보는 이들이고, 자연의 리듬에 따라 우리에게 건강한 먹거리를 주기 위해 삶을 바치는 이들이다.

여름날 아침, 우리는 함께 파리를 떠나 뇌빌쉬르우아즈 마을의 농부 로랑 베뤼리에가 있는 유기농 밭으로 향했다. 며칠 전부터 파리에는 보건당국의 경고 메시지가 종일 이어졌다. 심각하게 높은 기온과 강한 햇빛으로 인해 오존 농도와 미세

먼지 농도가 경보 수준으로 치달았다. 이러한 기후 조건은 도로 교통으로 발생하는 배기가스 등의 기체를 위험 오염물질인 오존으로 바꿔놓는다. 오존은 인간의 건강뿐 아니라 생태계에도 유해하다. 또한 지구온난화를 가속하는 요인이기도 하다. 이로 인해 차량 2부제가 실시되고 차량 운행속도 제한조치가 내려졌다. 또 파리의 대중교통 요금이 무료로 전환됐다. 전광판마다 신체 활동을 자제하고 물을 충분히 마시라는 안내가 떴다. 노인, 임신부, 영유아는 외출을 최대한 자제하고 공기 질이 더 깨끗한 실내에 머무르라는 지침이 내려졌다. 21세기의 삶은 SF영화를 닮아간다.

우리는 푸르른 밭에서 한껏 신선함을 느꼈다. 프랑수아 파스토는 배추를 들어 무게를 가늠해보고 근대의 색을 감상하고 토마토를 갈라보고 까치밥나무 열매를 맛본다. 그의 머리에 오늘의 메뉴가 조금씩 그려진다. 그가 말한다.

"왜 지역 식재료를 골라야 할까요? 간단히 말하자면 지역 식재료는 급격한 열 변화를 겪지 않기 때문입니다. 유럽을 가로질러 오는 제품들은 냉동 트럭에 실려 운송됩니다. 집에서 가까운 곳에서 재배된 것일수록 더욱 신선할 겁니다. 그야말로 땅의 맛을 간직하고 있는 것이죠."

잘 알려지지 않은 한 완두콩 종種이 요리사의 관심을 끈다. 로랑 베뤼리에가 알려준다.

"이건 책에서 '아스파라거스 콩'이라고 일컫는 종입니다."

요리사가 이야기한다.

"약간 달콤하네요. 안쪽이 정말 맛있어요."

"당신을 생각해서 심어본 겁니다."

프랑수아 파스토는 잠시 생각에 잠겼다가 말한다.

"소금물에 데친 콩을 상상하고 있어요. 껍질 안에 콩들을 그대로 두고 콩 전체를 내놓으려고요. 그러면 더 멋질 겁니다, 낭비되는 것이 전혀 없으니까요."

그가 내 쪽으로 돌며 말한다,

"사람들은 지역에서 생산된 품질 좋은 식재료가 비싸다고들 말합니다. 사실이에요, 우선은 값을 조금 더 주고 구매하겠죠. 하지만 결국에는 돈이 더 많이 드는 게 아닐 겁니다. 왜냐면 품질이 좋아서 재료를 남김없이, 가장 효율적으로 사용할 수 있기 때문입니다. 고기, 생선, 과일, 채소의 어느 한 부분도 낭비하거나 버리지 않고 활용하는 거죠. 아주 간단한 방식으로요. 거기서 재미를 찾아 맛있고 푸짐한 요리를 만들어내는 겁

밭을 둘러보는 프랑수아 파스토
프랑수아 파스토는 지역 생산자들을
더없이 소중히 여긴다. 흙 묻은 손으
로 자연의 기적을 만들어내며 우리에
게 건강한 먹거리를 주기 위해 삶을
바치는 이들이기 때문이다. 프랑수아
파스토는 날마다 이들이 키운 작물을
살펴보며 '오늘의 메뉴'를 구상한다.

니다. 예를 들어 줄기잎이 붙어 있는 당근을 샀다면 줄기잎을 왜 버리죠? 줄기잎도 같이 먹는 겁니다!"

제로 웨이스트 요리의 선구자, 프랑수아 파스토

프랑수아 파스토는 제로 웨이스트zero-waste 요리의 선구자다. 그는 음식물의 낭비를 막기 위해 식재료 전체를 사용하려고 노력한다.

"제게 훌륭한 가치관을 심어주신 부모님 덕분입니다. 그릇에 담긴 음식은 전부 먹기, 빵 버리지 않기, 전날 남은 음식으로 다음날 요리하기 같은 좋은 습관을 부모님에게서 배웠죠. 이런 마음가짐이 바탕이 되어 훌륭한 농부들이 키운 지역 먹거리를 가지고 요리하는 이 멋진 직업을 택한 것입니다. 진정이 농부들을 이끄는 것은 자연입니다. 그들이 자연에 맞추는 것이지, 그 반대가 아닙니다."

프랑수아 파스토는 그의 주방 식구들과 함께 일반적으로는 '쓰고 남은 것'으로 여겨지는 재료들을 가지고 어떤 요리를 선보일 수 있을지 늘 고민한다. 예를 들어 대파의 잔뿌리 부분은 잘 씻어 밀가루를 묻혀 튀겨낸다. 그렇게 대파 뿌리가 특제 소스와 함께 전채요리로 손님들의 식탁에 올라간다.

프랑수아 파스토가 생각하는 책임 있는 요리란 무엇보다 음식을 존중하고, 식재료와 이를 재배한 이들에게 감사하는 마음을 갖는 것이다.

"우리는 음식에 정당한 값을 지불해야 합니다. 그것이 우리에게 지역에서 생산된 고품질의 제철 식재료를 제공해주는 농민들과 어부들과 사육자들을 지지하는 길입니다. 우리 모두에게 지구의 미래에 대한 책임이 있습니다."

그가 주방에서 새로운 제로 웨이스트 요리를 준비한다. 그는 그날 아침에 사 온 완두콩의 껍질을 버리지 않고 두었다가 소금물에 데친 뒤 얼음에 식힌다. 그리고 크림을 조금 섞는다. 이걸 고운 체에 거르면 맛있는 수프가 된다. 약간의 산미를 더하기 위해 호박 토마토 처트니(과일이나 채소에 향신료를 넣어 만든 인도의 소스-옮긴이) 즙을 얼려 굳힌 소르베를 곁들인다. 마지막으로 로랑 베뤼리에의 밭에서 그날 따온 제철 식용 꽃으로 장식을 한다.

프랑수아 파스토는 이러한 접근법으로 고급 요리를 합리적인 가격에 제공하면서도 재정적으로 가게가 유지될 수 있다고

완두콩 꽁깍지로 만든 수프
프랑수아 파스토의 대표 메뉴 중 하나로, 음식에 대한 존중과 식자재와 이를 재배한 이들에 대한 감사가 깃든 요리다

이야기한다.

"친환경적인 방식으로도 직원들에게 제대로 된 급여를 주고 세금과 기타 비용을 치르고 생계를 꾸릴 수 있습니다. 물론 저는 완벽하지 않습니다. 100% 제로 웨이스트를 실천하는 것도 아닙니다. 하지만 할 수 있는 한 그 목표에 가까워지려 노력합니다."

9

여기나 저기나

**이들은 화재 이후 개간할 수 있게 된 거의 모든 지대가
소를 키우기 위한 방목지로 바뀌었다는 것을 발견한다.**

브라질 텔레비전에 프랑스 대통령의 모습이 끊임없이 비춰
진다. 에마뉘엘 마크롱과 자이르 보우소나루, 이 두 정상의 결
투가 펼쳐진다. 내가 있는 곳은 남미의 대국, 브라질의 수도 브
라질리아. 산불이 브라질 전역을 휩쓸고 있었다.

에마뉘엘 마크롱 프랑스 대통령은 2019년 8월 G7 정상회
담을 48시간 앞두고 트위터에 다음과 같은 글을 게시했다.

"우리의 집이 불타고 있습니다. 문자 그대로입니다. 지구 산
소의 20%를 생산하는 지구의 허파, 아마존이 불타고 있습니

다. 국제적인 위기입니다. 이틀 뒤 열리는 G7 정상회담에서 이 긴급한 문제를 논의할 것입니다."

브라질 대통령은 이 발언을 전혀 반기지 않았고 "식민주의적"이라 평했다. 그리고 이어진 반격. 이번에도 트위터에 글이 올랐다.

"우리는 한 대통령, 마크롱 대통령이 아마존에 대해 부적절하고 근거 없는 공격을 하는 것을 받아들일 수 없다."

그리고 보우소나루 대통령은 자신의 SNS에 마크롱 대통령의 부인, 브리지트 마크롱의 신체를 비하하는 발언을 했다.

자이르 보우소나루 대통령은 이 설전이 만족스러운 것 같다. 그에게는 이 일이 언론을 장악하고, 그의 지지 기반인 민족주의를 확대하고, 공업형 농업과 집약적 축산업을 위한 새로운 토지를 불법적으로 마련하기 위해 의도적으로 방화를 한다는 혐의를 받는 대지주들을 편들어줄 기회다.

2019년 아마존의 산불 지대가 이후 소를 키우는 방목지로

그로부터 한 해 뒤, 환경보호단체 그린피스의 활동가들이 화재의 원인을 파악하고자 2019년에 화재로 파괴된 지역들의 상공을 비행하며 관찰했다. 그 결과 화재 이후 개간할 수 있게 된 거의 모든 지대가 소를 키우기 위한 방목지로 바뀌었다는 것을 발견했다. 브라질 국립 우주연구소에 따르면 2019년 브라질 아마존 열대우림의 산림 파괴는 전년도보다 85%나 증가했다.

두 대통령의 싸움이 계속되는 가운데 나는 브라질리아 주변부를 돌아봤다. 브라질리아는 브라질의 열대 사바나 지대인 세하두의 중심부에 불과 몇 해 만에 건설된 도시다. 이 무렵의 세하두는 아주 조금의 불똥만 튀어도 큰불이 타오를 수 있을 만큼 극도로 건조하다. 근교에서 멀어질수록 불에 탄 지역이 많아진다. 아마존 우림보다 덜 알려졌지만 훨씬 더 파괴된 세하두는 세계에서 아주 심각한 위기에 처한 생태계 중 하나다.

어느 순간 두꺼운 껍질로 둘러싸인 구불구불한 나무들이 돌연 끊기고 대두 밭이 펼쳐진다. 나는 도로 한쪽으로 비켜서 카메라를 장착한 미니 드론을 붉은 땅에 내려놓았다. 그리고 드론을 작동시킨다. 드론이 고도 50m 높이로 올라간다. 화면에 줄지은 대두와 그 한가운데에 있는 거대한 수확용 기계가 보인다. 드론이 100m 상공으로 오르자 수확기는 대두 한가운데 파묻혀 작아진다. 150m, 수확기가 아주 미세하게 보인다. 화

생물다양성이 풍부했던 세하두
세하두는 생태적으로 중요한 열대 사바나 지대이지만 지금은 유전자 변형 곡물과 대두의 집약 재배지로 바뀌었다.

면에 나타난 장면은 놀랍다. 대두, 오로지 대두만이 끝없이 펼쳐져 있다.

세하두는 생태적으로 아주 중요하고 생물다양성이 풍부한데도 전체 면적의 3% 미만만이 보호되고 있다. 유전자 변형 곡물과 대두의 집약 재배지로 바뀌면서 황폐해진 이 특별한 사바나는 지난 35년에 걸쳐 점점 사라졌다.

그로부터 2주가 흘렀다. 브라질 화재, 그리고 마크롱과 보우소나루의 싸움은 미디어에서 자취를 감췄다. 그사이 남미에서

출항한 225미터 길이의 화물선이 프랑스 생나제르에 정박한
다. 화물선 안엔 프랑스 가축들의 사료로 쓰일 6만 톤의 대두
박(대두에서 기름을 짠 후 남은 부산물-옮긴이)이 실려 있다. 브라질 세
하두산이다.

"대두, 지금 유럽은 대두가 필요합니다. 동물들을 위한 뛰어
난 단백질 공급원이기 때문입니다. 그리고 우리는, 우리에겐
대두가 없습니다."

에마뉘엘 마크롱이 시인한다.

프랑스는 세계 8위의 브라질산 대두 수입국이다.

10

주범

"온실가스 총배출량의 4분의 1이 우리가 먹거리를 생산하기 위해
숲을 베어 경작지를 만든 결과라는 사실, 화학비료에서 나오는
메탄과 아산화황 때문이라는 사실을 자각해야 합니다."

요한 록스트룀 박사가 이끄는 잇-랜싯 위원회의 보고서에
는 다른 수많은 연구들을 뒷받침하는 또 하나의 매우 중요한
정보가 담겨있다. 바로 지구 한계선을 넘지 않기 위해서는 우
리가 육류 소비를 대폭 줄여야 한다는 것이다.

공장식 축산은 인류 역사상 최악의 자원 활용 방식

20세기 초부터 공장식 축산이 지구에 미치는 막대한 영향

을 입증하는 연구들이 늘어갔다. 제임스 맥윌리엄스는 오스틴 대학 교수로 환경사 전문가다. 특히 그는 우리의 축산 방식이 불러일으키는 결과들을 연구한다. 그와 함께 공장형 농장 답사를 위해 미국의 거대한 평원으로 떠나기에 앞서, 텍사스의 주도 오스틴에 있는 그의 자택에서 그를 만났다. 그가 말한다.

"수치들이 아주 명확합니다. 인간 활동으로 인한 온실가스 배출 중 최소 14.5% 이상이 농업에서 기인합니다. 한 산업군 치고는 믿기 힘들 정도로 큰 비중입니다."

이는 유엔식량농업기구의 2013년 보고서에 담긴 내용이다. 제임스 맥윌리엄스는 반박할 수 없는 사실이라며 말한다. 공장식 축산이 없었다면 지금 우리가 마주한 지구온난화의 커다란 문제들을 겪지 않았을 것이라고.

"실제로 공장식 축산은 전 세계 운송 산업보다 더 많은 온실가스를 발생시킵니다."

그는 연구들을 근거로 공장식 축산이 인류 역사상 최악의 자원 활용 방식이라는 것을 장담할 수 있게 됐다.

"만약 우리가 지금과 같은 방식으로 계속 사람들을 먹여 살린다면 자원은 곧 고갈되고 말 것입니다. 그리고 이는 정치적 불안정과 함께, 가장 가난한 이들이 가장 큰 고통을 겪는 상황을 불러일으킬 것입니다. 특정 지역을 차지하려는 전쟁이, 물을 이용하기 위한 전쟁이 벌어질 것입니다. 비극이 시작될 수 있는 거죠. 따라서 가장 적은 자원으로 가장 많은 열량을 생산할 수 있도록 지구를 이용해야 합니다."

집약적 축산의 현실

이 만남 후에 나는 집약적 축산이 일으키는 심각한 자원 낭비를 현장에서 확인했다. 콜로라도 덴버 부근에서 그 증거들을 생생히 볼 수 있다. 로키산맥 아래, 타는 듯한 햇볕이 쏟아지는 가운데 양, 소, 심지어 송아지까지 있는 거대한 공장형 농장이 펼쳐진다. 가장 충격이었던 것은 송아지다. 이런 곳에 송아지가 있을 거라고는 생각지 못했다. 축구 경기장 몇 개를 합친 것만큼의 면적에 수천 개의 작은 플라스틱 축사가 마른 땅위에 있고 거기에 이제 막 어미에게서 분리된 젖소 송아지들이 사슬에 매여 있다.

저 멀리에는 훨씬 넓은 공간에 울타리가 쳐져 있고 그 안에 암소 수천 마리가 숨 막히는 더위에 움직이지도 못하고 서로 맞붙어 있다. 미국인들은 이를 비육장feedlot이라 부른다. 가축을 살찌게 만드는 곳이다. 바닥엔 풀잎 하나 없다. 오로지 소 배설물뿐이다. 거대한 농기구가 쉴 없이 사료통에 곡물과 콩을 쏟아붓는다. 이 농장의 주인은 브라질의 거대기업 JBS 로, 세계 육류 판매 1위의 다국적 기업이다. 워싱턴 포스트에 따르면 JBS는 세계 쇠고기 시장의 4분의 1을 점유하고 있다. JBS는 내 요청을 거절했다. 카메라도, 인터뷰도 모두 거부했다. 그래서 나는 담장 가까이 다가가 드론을 띄워 촬영하기로 했다. 하늘에서 내려다보이는 광경은 더욱 놀랍다. 이 야외 고기 공장의 끝이 어디인지 알 수조차 없다. 여기에 2만 마리가 넘는 암소들이 있다.

떠나오는 길에 이 회사의 직원 한 명과 마주쳤다. 앙헬 씨는 울타리 바로 옆, 작은 흰색 목조 주택에 살고 있다. 집 창문이 소들 쪽을 향해 나 있다. 멕시코 출신인 그는 15년 전부터 이곳에서 일했다. 견디기 어려운 악취가 났다. 내가 물었다.

"냄새 때문에 힘들지 않으세요?"

그가 대답한다.

"이틀에서 사흘이면 적응됩니다."

"여기 고기를 드시나요?"

"좋아하지 않아요. 여기서 소들을 먹이는 방식이 싫습니다.

화학물질이 너무 많아요. 매일 죽어 나가는 소만 열 마리쯤 됩니다."

"정말이요?"

"예, 가끔 그보다 더 많을 때도 있고요."

공장식 축산은 '선택'의 결과

육류 소비의 증가에 대한 대처로, 우리는 점점 더 집약적인 방식으로 더 많은 가축을 생산하기로 결정했다. 이러한 방식의 축산은 불가피한 것이 아니다. 우리 선택의 결과다. 이 공장형 농장을 따라 걷다 보니 미국 식품전문가이자 작가인 마크 비트먼의 말이 떠올랐다. 워싱턴에서 그를 만난 것이 바로 며칠 전이었다. 그가 말했다.

"사건의 전말을 말하자면 인간이 육류 생산을 합리적이고 효율적으로 만든 것입니다. 이 지구상의 모든 제품을 공업화했듯 고기도 공업화한 것이죠. 이 효율성으로 인간은 그 어느 때보다 많은 고기를 생산할 수 있게 되었고요. 2차 세계대전 이전에는 전혀 없었던 방식입니다. 사람들은 돼지를 6마리, 10마리, 200마리씩 길렀습니다. 아무도 돼지를 1만 마리나

기르지 않았어요. 돼지들은 모두 야외에서 자랐죠. 암탉은 몇 백 마리씩 키웠습니다. 지금은 수십만 마리씩 키우죠. 우리는 납득할 만한 인간적인 규모에서 납득하기 어려운 규모로 넘어온 것입니다."

마크 비트먼에 따르면 이 산업을 이끄는 것은 바로 돈이다. 우리는 가장 돈이 되는 길을 택했다. 그가 이어 말했다.

"요컨대 이것이 인간이 먹을 수백만, 아니 수십억 마리의 동물을 생산하는 가능한 한 가장 저렴한 방식입니다."

마지막으로 그는 경고했다.

"문제는 이 시스템에 유효기간이 있다는 겁니다."

더 많은 고기를 위해 필요한 것

매년 태어나는 이 수십억 마리의 동물들을 최대한 빠르게 살찌우고 수익을 높이기 위해서는 계속해서 더 많은 유전자 변형 곡물과 콩류를 재배해야 한다. 공장형 농장들이 들어선 콜로라도의 평원은 거대한 옥수수밭이 됐다. 이곳에서 나는 믿을 수 없는 광경을 목격했다. 트럭이 끝없이 줄지어 밭으로 들어온다. 트럭들은 실시간으로 짐칸을 채우는 수확기와 함께 나란히 전진한다. 그리고 곧바로 비육장으로 향해 실어 온 옥수수를 소 사료통에 쏟는다. 이 빙빙 도는 작업이 하루 24시간, 일 년 내내 하루도 빠짐없이 이어진다.

제인 구달은 우리가 공동으로 만들어낸 이 시스템에 대해 다음과 같이 이야기한다.

"동물을 위한 식물성 단백질을 생산하기 위해 우리는 많은 양의 석유를 사용합니다. 또한 이 재배에는 천문학적인 양의 물이 필요하죠. 우리는 수자원을 메마르게 하고 있고 담수는 점점 더 줄어들고 있습니다. 지구온난화로 한층 심각해진 가뭄 문제와 더불어 특정 지역들이 극심한 담수 부족을 겪고 있습니다."

우리는 자연과 조화로이 일하지 않는다. 우리는 생태계를 파괴하며 자연을 착취한다. 유엔환경계획UNEP에 따르면 매년 세계적으로 1,200만 헥타르의 산림이 파괴되고 있다. 동물의 사료가 될 곡물을 재배하고 가축을 사육하기 위한 공간을 만들기 위해 수십억 그루의 나무가 잘리고 뽑히고 불에 탄다.

2020년 12월 학술지 〈네이처 서스테이너빌리티〉에 실린 한 논문은 만약 우리가 식품 산업을 빨리 개선하지 않으면 다가울 몇십 년 안에 생물다양성 손실이 전면화될 것이라고 지적했다. 연구진은 농지 확대로 인해 2050년경 지구상 척추동물의 약 90%가 서식지를 잃을 것으로 내다봤다.

온실가스 배출의 4분의 1이 먹거리 생산과 관련된 것

옥수수, 대두, 유채, 기타 여러 곡물과 콩류들 대부분이 대서양 너머 미 대륙에서 재배된다. 그리고 세계 곳곳의 가축 사료통으로 대거 흘러 들어간다. 평균 10일 간격으로 대두박을 가득 채운 채 프랑스에 도착하는 화물선들이 보여주듯, 이 식물성 단백질 공급원들은 초원에서 자라지 않는 프랑스 암소들과 건물에 갇혀 길러지는 수백만 마리의 프랑스 돼지와 가금류를 먹이는 데 사용된다. 바다를 가로질러 이 식물성 단백질을 실어 나르는 대형 선박들은 석유를 대량으로 소비하여 지구온난화를 심화시킨다. 동물들을 도축장으로 수송하고 고기를 우리 식탁에 올리는 과정에도 또다시 석유가 필요하다.

기후변화에 관한 정부 간 협의체IPCC에 따르면, 농업과 기타 목적으로 토지 이용을 변화시켜 산림을 훼손함으로써 발생하는 온실가스 배출은 인간 활동으로 발생하는 세계 온실가스 총배출량의 23%를 차지한다.

요한 록스트룀 박사가 말한다.

"온실가스 총배출량의 4분의 1이 우리가 먹거리를 생산하기 위해 숲을 베어 경작지로 만든 결과이며 화학비료에서 나오는 메탄과 아산화황이라는 사실을 자각해야 합니다. 그 어떤 것보다 우리의 먹거리 모델이 지구의 안정을 위협하는 가장 큰 요인입니다. 이것이 바로 우리 먹거리의 가치를 재평가해야 할 이유입니다. 먹거리는 인간이 살아가는 데에 꼭 필요합니다. 동시에 생산되는 과정에서 많은 부작용을 낳고 있죠. 이러한 점들을 모두 고려하여 먹거리가 지닌 가치를 제대로 평가하는 것이 매우 중요합니다."

제인 구달은 강연에서 종종 우리가 지불하는 음식 값이 그 음식의 진정한 비용이 반영된 것이 아니라고 말한다. 음식 가격에 그 음식이 자연에 미치는 해악이 고려되지 않았기 때문이다.

이는 식품전문가 마크 비트먼 또한 열을 올리는 주제다.

"우리가 공장식 축산을 만들었습니다. 우리가 의도하여 만든 것입니다! 가능한 한 많은 곡물과 많은 동물을 생산하기 위해 우리가 내린 결정입니다. 우리는 다른 길을 택할 수도 있었습니다. 우리는 어떻게 가능한 한 가장 건강한 먹거리를 생산할지, 어떻게 가능한 한 지구 오염을 최소화할지, 어떻게 동물에게 최대한 인도적일지 고민할 수도 있었습니다. 우린 이 모든 걸 무시하고 수익을 최우선으로 삼았습니다. 이제, 방향을 바꿔야 합니다."

11

팬데믹

**"농업으로 인한 변화들, 자연 서식지의 파괴, 공장식 축산이
야생동물에서 가축으로, 인간으로 이어지는 감염의 다리를 만듭니다."**

인수공통전염병:동물에 발생하여 인간에게 옮겨질 수 있는 전염병 혹은

기생충병(페스트, 광견병, 결핵 등)   - 삽화가 곁들여진 라루스 대백과사전

전 세계를 뒤흔드는 팬데믹 역시 우리의 먹거리 체계로 인한 것이며 우리가 치러야 할 대가다. 우리의 먹거리 모델은 생태계의 안정을 깨고, 자연의 균형을 교란하며, 야생 상태의 자연을 최소한으로 축소하고, 집약적인 축산 방식을 만들어냈다. 그에 따라 우리는 동물에게서 인간으로 전염되는 바이러

스에 취약해지게 되었다.

2008년 국제 학술지 〈네이처〉에 실린 한 논문이 보여주듯 유행병의 수는 1940년부터 계속해서 늘어나고 있다.

이 논문에 따르면 신종 감염병의 60%가 인수공통전염병이다. 그리고 그중 70%는 야생동물에서 유래된 바이러스가 원인이었다. 잘 알려진 바이러스로는, 야생동물에게서 인간에게 전염되어 1976년에 최초로 발견된 에볼라 바이러스, 원숭이로부터 인간에 전파되어 1981년에 처음 발견된 이래로 3,200만 명 이상을 죽음으로 내몬 에이즈의 병원균인 인체면역결핍 바이러스[HIV], 박쥐에게서 전해져 2002년부터 퍼지기 시작해 몇 달 만에 800명의 사망자를 낸 사스 바이러스[SARS-CoV-1], 2012년 낙타에서 유래되어 사우디아라비아에서 발견되었으며 치사율이 35%인 메르스 바이러스[MERS-CoV]가 있다.

자연 서식지 감소와 공장식 축산의 증대(매년 인간의 먹거리를 위해 600억 마리의 가축이 도축된다)로 인구 밀도뿐 아니라 동물들의 개체 밀도까지 크게 높아졌다. 박쥐 등 야생종이 옮기는 바이러스들의 전파가 용이해진 것이다. 이러한 바이러스들은 일반적으로 인간이 먹기 위해 기르는 동물들을 매개로 인간에게 전파된다.

공장식 사육은 바이러스 감염의 다리 역할

프랑스 일간지 르몽드는 팬데믹의 기원을 다룬 한 기사에서 1998년 말레이시아에 출현한 한 바이러스를 언급한다. 바로 니파Nipha 바이러스다. 니파 바이러스는 백여 명의 사망자를 냈다. 전형적인 전파 경로였다. SARS-CoV-1과 SARS-CoV-2(COVID-19 원인 바이러스), 에볼라와 마찬가지로 이 바이러스의 1차 숙주는 박쥐였다. 팜유 재배로 숲에서 내몰린 박쥐들은 인간들이 사는 지역으로 접근했다. 박쥐들은 과실나무들, 이 경우엔 수출용 돼지를 사육하는 공장형 농장 가까이에 있는 망고나무로 피신했다. 박쥐가 먹던 망고와 박쥐의 배설물이 돼지 사육장 안으로 떨어졌다. 바이러스는 한 돼지에서 다른 돼지로, 한 사육장에서 다른 사육장으로 퍼져나갔고 결국 인간에게까지 옮겨졌다. 이 전염병의 확산을 막기 위해 백만 마리 이상의 돼지가 긴급 살처분됐다.

기사는 프랑스 국립과학연구센터CNRS와 국제농업개발연구소Cirad 소속 보건생태학자인 세르주 모랑의 말을 인용한다. 세르주 모랑은 감염의 원인을 다음과 같이 설명한다.

"우리는 야생동물과 병원체 사이의 상호작용을 심각하게 바

뛰놓고 있으며, 바이러스의 흐름을 억제하는 생태계의 자기조
절능력을 망가뜨리고 있습니다. 농업으로 인한 변화들, 자연
서식지의 파괴, 공장식 축산이 야생동물에서 가축으로, 인간
으로 이어지는 감염의 다리를 만듭니다."

2020년 11월, 프랑스 국가윤리자문위원회의 전 위원장인
디디에 시카르 의학교수는 프랑스 공영 라디오 채널 프랑스
퀼튀르에 출연해 다음과 같이 말했다.

"동물을 밀집 사육하는 시설에 바이러스가 하나 있는 것은
마치 유전에 성냥 한 개비가 떨어진 것과 같습니다. 공장식으
로 동물을 사육하는 지금 우리의 관행은 감염의 측면에서는
미친 짓입니다!"

먹거리 체계의 위험에 대한 대응, 팬데믹 대응과 닮은꼴

우리는 코로나19 사태 이전부터 먹거리 체계의 위험성에
관한 정보를 충분히 확보하고 있었다.

2006년 세계식량농업기구가 "산림과, 인간에게 발견되는
신종 전염병"이라는 제목으로 발표한 보고서에서 다음과 같은
내용을 확인할 수 있다.

"산림. 병원체, 문명 발달 간의 긴밀한 관계를 고려했을 때, 산림 파괴와 토지 이용의 변화는 새로운 전염병 출현에 주요한 역할을 한다."

이미 약 10년 전인 2012년에 출간된 《인수공통 모든 전염병의 열쇠 *Spillover*》(꿈꿀자유, 2020)에서 저자인 미국의 과학 전문 기자 데이비드 콰먼은 전 세계를 오랫동안 조사한 끝에 다음과 같이 적었다.

"우리는 생태계를 산산조각 내고 있다. 동물과 인간은 전례 없이, 예상치 못한 방식으로 교류하고 있다. 동물에서 인간으로 옮겨지는 미생물의 흐름이 끊임없이 가속되고 있다."

데이비드 콰먼은 오래전부터 세계의 지도자들에게 공개되어 있던 과학 정보를 그저 한데 모았을 뿐이다.

지구온난화, 생물다양성 감소, 대기 오염과 마찬가지로 우리가 2020년 초부터 겪고 있는 이 팬데믹 역시 이미 예고된 것이었다. 하지만 우리는 준비하지 않았다. 팬데믹 초기, 프랑스에서 있었던 마스크 부족 사태가 그 증거다. 모두 적혀있었다. 보고서들이 있었다. 책들에 나와 있었다. 데이비드 콰먼, 그리고 수많은 과학자가 재앙을 예고했다. 그러나 우리의 행정 책임자는 전문가에게서 팬데믹에 대비하여 마스크 10억 개를 구매해야 한다고 당부하는 보고서를 받고도 고작 5천만 개를, 재정적으로 여유가 있다면 1억 개까지 주문하는 것을 허락했다. 팬데믹이 발생했다. 마스크는 없었다. 우리는 먹거리 모델에 그러하듯 마스크에서도 같은 방식으로 행동했다. 최소한으로, 경솔하게, 회계적으로. 허위의 '경제적 현실성'을 명분 삼아 말이다.

경제협력개발기구OECD는 코로나19 팬데믹으로 인해 7조 달러의 손실이 발생할 것이라고 추산했다. 우리는 멀리 내다보지 못한 대가를 치르기 시작했다. 이것은 긴 계산서의 첫 줄에 지나지 않는다. 과연 우리는 계속 이렇게 갈 것인가?

12

실수를 통해 배운다

**"이 농장을 물려받았을 당시, 이 땅은 완전히 죽어있었습니다.
수십 년의 밀 집약재배로 황폐해져 있었죠."**

나는 전 세계를 도는 이 먹거리 탐사를 진행하면서, 주류 시스템에 대항해 지금까지와는 다른 사육 방식과 다른 자연과의 관계를 구상하는 새로운 세대의 농부들을 알게 됐다. 다른 방식으로 세상을 먹여 살리고자 하는 이들. 산업화에 저항하기로, 부유해지는 것이 아니라 잘 사는 데 만족하기로 마음먹은 이들. 바로 이런 이들이 존재한다.

한 포르투갈 농부의 자연과 협동하는 영농철학

포르투갈에서 나는 인간과 동물, 인간과 자연과의 관계를 완전히 새롭게 보게 해준 한 사람을 만났다. 리스본에서 한 시간 떨어진 이곳, 굴참나무가 울창하고 풀이 무성히 자란 들판이다. 알프레도 쿠냘은 이곳에서 조상 대대로 경작해온 농장을 물려받아 이어가고 있다. 그는 포르투갈의 몇몇 지역에서 수 세기 전부터 전통적으로 이어져온 시스템인 몬타도Montado를 오늘날에 맞춰 재탄생시켰다.

몬타도는 혼농임업과 비슷한 영농법이다. 한 구획에 다양한 동물 종과 작물, 특히 수목을 결합하는 방식이다. 도처에 나무를 심는 것이 몬타도의 핵심이다. 알프레도 쿠냘은 이 조상의 방식에 현대의 농업 지식과 기술을 더했다. 일반적으로는 온난화를 심화하는 가축 사육이 이 방식으로 인해 온난화에 저항하는 무기가 됐다.

이 50대 농부는 나를 오래된 지프에 태워 자신의 농장을 구경시켜주었다. 완만한 기복이 있는 대지 위, 백 년 된 떡갈나무 그늘 아래 동물들이 풀을 뜯고 있다. 양, 큰 뿔이 난 갈색 젖소, 어린 흑돼지들이 보인다.

알프레도 쿠날이 부드러운 목소리로 그의 영농철학을 설명한다.

"혼농임업의 기본은 자연과의 협동입니다. 자연을 이해해야 하고, 깊이 알아야 하죠. 산업적인 방식은 자연을 지배하는 것에 바탕을 둡니다. 둘은 완전히 상반되는 접근법이죠."

이 농장은 쿠날 가문이 적어도 5대에 걸쳐 이어온 곳으로 1930년대 살라자르 독재 이전까지는 몬타도 방식으로 경영됐다. 독재정권 시절, 곡물 재배를 대폭 늘리기 위한 토지 대개혁이 시행되었는데, 당시 알프레도 쿠날의 증조부는 나무들을 모조리 밀어내고 밀을 재배하기 시작했다. 이를 이어받은 그의 할아버지는 농기계를 도입해 좀 더 집약적인 방식으로 밀 단일재배를 시작했다. 갈수록 화학비료 사용이 늘었다. 이러한 경향은 카네이션 혁명으로 독재가 막을 내린 이후에 더욱 심화됐다. 알프레도 쿠날이 말한다.

"30년 전 저와 어머니가 이 농장을 물려받았을 당시, 이 땅은 완전히 죽어있었습니다. 수십 년의 밀 집약재배로 황폐해져 있었죠."

화학비료 없이는 더 이상 아무것도 자라나지 못했다. 그가 탄식조로 이야기한다.

"석유가 원료인 공업 비료에 의해서만 유지될 수 있는 인공적인 비옥함이죠. 석유가 없어질 미래에는 어떻게 될까요?"

알프레도 쿠냘은 먹거리를 생산할 다른 방식을 고안해내야 했다.

"우리는 역사 속에서, 중세시대에서 해법을 찾았습니다. 바로 완전히 자립적인 방식인 몬타도 시스템을 되살리는 것이었지요."

다양한 동물 종과 수목이 결합된 몬타도 농법

그렇게 그는 땅을 비옥하게 하는 자연적인 순환에 기초해 농장을 다시 세웠다. 단일경작은 막을 내렸다. 그는 나무들이 보존된 구역에 동물들을 다시 키우기 시작했다. 한 사람이 모든 일을 할 수 있도록 하는 농기계들도 끝이었다. 농장은 하나의 협동조합이어야 한다. 일자리가 없던 마을 사람들이 모두 이곳에서 일을 하기 시작했다. 알프레도 쿠냘이 떡갈나무 그늘 아래 모여 있는 젖소들을 가리키며 말한다.

"여기에 미래가 있습니다. 저는 이 땅을 더욱 비옥하게 만들고 있습니다. 이곳 생태계는 날마다 더 풍요로워집니다. 석유는 조금도 필요 없습니다."

그가 한 나무로 다가가 가지를 잡고 이 시스템이 어떻게 작동하는지 설명한다.

"이것이 하나의 섬유질 공급원, 즉 동물들 먹이입니다. 젖소들은 땅에 풀이 부족하면 나무에서 바로 영양을 섭취할 수 있죠. 아니면 우리가 가지들을 잘라내 젖소들이 떨어진 걸 먹게 할 수도 있고요. 또 나무는 그늘을 만듭니다. 여름철에는 동물들에게 매우 중요한 요소입니다. 나무들 아래를 주의 깊게 보면 식생이 다릅니다. 목초가 더 많기도 하고 유기물질이 풍부해 더 질이 좋죠. 떨어진 나뭇잎들 덕분입니다. 한편 쇠똥은 나무에 유익하죠. 그저 고기를 생산하려고 소를 키우는 것이 아닙니다. 전체 시스템이 서로 연결되어 있습니다."

도토리만으로도 농장 내 돼지 먹이의 60%가 충당되며, 환경적 이익 역시 상당하다. 알프레도 쿠냘이 말한다.

"이 나무가 얼마나 유용한지 생각해보세요. 나무는 300년, 400년 동안 비료와 기계 없이 아주 알맞게 먹을거리를 생산해냅니다. 그럼 이제 곡물에 기반한 돼지 먹이 모델을 떠올려보세요. 매년 땅을 갈아야 합니다. 매년 돼지가 먹을 곡물을 생산하기 위해 더 많은 화석 에너지를 써야 합니다. 에너지 효율

면에서 천지 차이입니다. 여기서는 기다리다가 그저 먹기만 하면 되니까요."

영농 체계의 복합성은 체계의 회복력을 증대시킨다. 그리고 이 복합적인 체계를 통해 만들어지는 먹거리는 놀랍도록 다양하다. 이 협동조합은 수십 종의 과일과 채소를 재배할 뿐 아니라 꿀, 와인, 식초, 여덟 가지 가루류와 도토리로 만든 빵, 고기, 올리브유 등 600종의 다양한 제품을 생산한다. 다양성이 곧 힘이다. 다양성으로 위험이 분산된다. 사라진 야생동물들이 되돌아와 번식한다. 멧돼지, 스라소니, 사슴이 자유로이 돌아다닌다.

혼농임업이 탄소 배출 문제를 해결할 열쇠

대기 중에 이산화탄소를 배출하는 집약농업과는 반대로 혼농임업은 탄소를 끌어모은다. 매년 헥타르당 1톤 이상의 탄소가 채집된다. 알프레도 쿠날이 열정적으로 설명한다.

"이 길을 택함으로써 인류가 책임져야 할 탄소 배출 문제를 크게 해결할 수 있습니다. 아주 빠르게요. 모든 게 바로 여기 있습니다."

혼농임업
대기 중에 이산화탄소를 배출하는 집약농업과는 반대로 혼농임업은 탄소를 끌어모은다. 이 길을
택함으로써 인류가 책임져야 할 탄소 배출 문제를 크게 해결할 수 있다. 현재 유엔식량농업기구가
장려하는 방법이기도 하다.

프랑스에서, 또 유럽에서 대규모로 혼농임업을 실행하는 것이 온실가스 배출 감축 목표를 달성하기 위한 한 방법이다. 현재 유엔식량농업기구가 장려하는 방법이기도 하다.

알프레도 쿠냘은 곧이어 새로운 나무들을 심을 것이다. 공권력의 요구로 증조부와 조부가 실행했던 공업형 농업 때문에 척박해진 땅을 나무들이 되살려줄 것이다. 그 땅에 방목할 새로운 동물들도 들여올 것이다.

농장 너머로 태양이 진다. 붉은 노을이 푸르른 땅을 감싼다. 떡갈나무 가지가 마른 풀 위로 화려한 그림자를 드리운다. 우리는 커다란 바위 위에 앉아 멀리서 양들이 풀 뜯는 모습을 바라본다.

그가 내게 나지막이 이야기한다.

"문제는 실수를 하는 것이 아닙니다. 문제는 실수를 깨닫지 못하고 이를 바로잡지 않는 것입니다."

지혜는 나무 아래에서 싹튼다.

13

심해의 진실

"오늘날엔 파괴적이고, 너무도 버려지는 것이 많은
어획 방식들이 있습니다."

다시 프랑스 파리. 셰프 프랑수아 파스토의 레스토랑이 점
심 영업을 마치고 저녁 준비에 들어간 사이, 그가 열을 내며
말한다.

"우리가 자주 언급하지 않지만 중요한 문제가 또 하나 있습
니다. 바로 바다입니다. 우리는 바다를 마치 무한한 식료품 저
장고처럼 여기죠. 하지만 무한하지 않아요. 바다가 괜찮을수
록 우리는 더 많이 어획합니다. 하지만 괜찮지만은 않아요!"

바다와 바다 동식물을 존중하는 전통 어업으로

요한 록스트룀 박사가 이끄는 잇-랜싯 위원회의 보고서 또한 같은 입장이다. 살 만한 지구를 지키기 위해 우리가 채택해야 할 먹거리 모델을 과학적으로 정의한 연구에 따르면, 어획이 해양 생태계에 악영향을 끼치지 않도록 해양 관리를 개선할 필요가 있다. 프랑수아 파스토가 소리 높여 말한다.

"전통 방식 어업으로 돌아가야 해요! 생물 종이 위태로워지지 않도록 물고기 자원량에 주의를 기울이는 어업으로 돌아가야 합니다. 지속 가능한 어업, 바다와 바다의 동식물을 존중하는 전통 어업을 발전시켜야 합니다."

산업화된 어업 방식은 환경에 상당한 영향을 미친다. 인간이 먹을 물고기를 잡아 올리기 위해 해저 바닥을 긁는 트롤망이나 저인망은 바로 다시 바다에 버려질 수많은 물고기를 죽음으로 내몬다. 수치를 보자 아찔했다. 딸려온 부속 생물들, 즉 바다거북, 돌고래, 고래 등 적어도 천만 톤 이상의 해양 동물이 매해 죽고 있다. 인간의 참치 초밥을 위해 145종의 기타 해양 동물들이 계속해서 어망 안에서 죽어간다. 양식업이라고 상황이 나은 것은 아니다. '과밀화'와 열악한 수질로 인해 양식 물고기들의 사망률은 30%에 이른다. 하지만 더 문제인 것은 양식 물고기의 사료를 위해 어획을 더 많이 해야 한다는 것이다. 1kg의 양식 어류를 먹이기 위해 2~5kg의 야생 어류가 어분으로 가공된다.

하지만 바다에도 역시 집약화의 유혹에 굴복하지 않은 사람들이 있다.

생물다양성을 보존하는 주낙 어획

동이 트기 한참 전, 프랑스 남서부의 생장드뤼즈에서 안마리 베르제와 만났다. 씩씩한 그녀는 약 25년 전 이 도시 최초의 여성 선장이 됐다. 매일 새벽 그녀는 자신의 9미터짜리 작은 배, 나히카리에 올라 바다로 나간다. 바다에선 아무 소리도 들리지 않는다. 바다는 여전히 잠자고 있다. 안마리 베르제가 이야기한다.

"닻줄을 푸는 건 마치 육지 세계를 떠나가는 것과 같습니다. 다른 차원으로 들어가는 것이죠."

아직 아침이 밝지 않았다. 그녀와 선원들은 일을 시작하기 전에 커피를 준비한다. 주홍빛 햇살이 수평선을 조금씩 밝힌다. 그녀가 말한다.

"무분별한 공업형 어업 때문에 자원이 훼손되고 있습니다. 사람들은 바다에서 먹고살고자 한 게 아니라 부유해지고 싶었던 겁니다."

안마리 베르제는 주낙으로 대구를 잡는다. 주낙 어획은 생물다양성을 보존하는 어류 친화적 어획 방식이다. 주낙은 여러 개의 낚시를 단 낚싯줄로, 정어리 등의 미끼를 낚시에 끼워 쓴다.

"대구 잡는 주낙에는 대략 400개에서 600개의 낚시가 달립니다. 아주 뛰어난 품질의 물고기를 얻을 수 있는 방법입니다. 대구들이 전부 산 채로 올라오니까요. 다치지 않는 것이죠."

어부들이 주낙을 내린다. 드디어 바다에 해가 밝았다. 갈매기들이 배 주변을 빙빙 돈다. 파도가 거세다. 안마리 베르제와 선원들은 다시 주낙을 거두기 시작한다. 첫 번엔 물고기가 한 마리도 잡히지 않았다. 그녀가 탄식한다.

"뭐야, 어제 다 잡아간 건가?"

그러고는 내게 웃으며 말한다.

"봐요, 가끔은 고기잡이치고 너무 친환경적이라니까요."

드디어, 첫 대구다! 70센티미터가량의 반지르르한 대구다.

안마리 베르제는 대구를 낚시에서 빼낸다. 대구는 여전히 생명력이 넘친다.

"이 어획 방식에서는 모든 물고기를 중요시합니다. 팔 수 있는 물고기도 있지만, 만약 너무 작은 물고기가 잡히면 다시 바다로 놓아주죠."

가끔은 낚싯줄 끝에 작은 쏨뱅이나 점상어가 잡힐 때도 있다. 그러면 곧바로 바다에 놓아주어 심해로 돌아가게 한다. 이런 방식에선 쓸모없는 어획도 없고 죽어 버려지는 물고기도 없다.

"남획은 우리 같은 배에서 하는 게 아니라 트롤선, 저인망 어선에서 하는 겁니다. 우리 아이들과 아이들의 아이들, 또 그다음 세대들이 계속해서 물고기를 먹을 수 있도록 해야 합니다. 우리는 명백한 사실을 인정해야만 합니다. 오늘날의 어획 방식은 파괴적이고, 버려지는 것이 너무 많습니다."

안마리 베르제는 몇 년 전부터 투쟁해왔지만 성과라 할 것은 없었다. 그녀가 분한 듯 격앙된 목소리로 이야기한다.

"정부는 수익에만 관심이 있습니다. 우리 같은 소규모 사업장들의 경우엔 당연히 매출이 크진 않지만 그래도 수익성이 있고, 공업형 어업과는 달리 이로운 효과를 냅니다. 하지만 정부는 공업형 농업을 장려하듯 생물다양성을 훼손하는 어업을 장려하죠. 전통 방식 어업이나 소규모 어업보다요."

점심때쯤 우리는 생장드뤼즈 항구로 돌아왔다. 오늘 잡은 물고기들을 바로 경매장으로 가져가 판다. 안마리 베르제의 어업 방식은 의심할 바 없이 지구를 지키는 데 기여하지만, 과연 수요를 충당할 수 있을까? 지난 20년 동안 우리의 어류 소비는 두 배나 증가했다. 부두에서 내가 이에 대해 묻자 이렇게 대답했다.

"실은 충분치 않을 수도 있습니다. 그래도 천문학적인 폐기물을 만들지 못하도록 공업형 어업을 더욱 강력하게 규제하는 것부터 시작해야 합니다. 그리고 조금 더 비싼 값을 내더라도, 어류와 갑각류를 조금 덜 먹고 잘 먹는 게 중요합니다. 주낙으로 잡은 어류나 통발로 잡은 갑각류를 선택하는 등 지속 가능한 어업으로 생산된 해산물을 구매해야 합니다."

소비자로서 내가 먹는 것을 선택하고 알 권리

다시 파리. 프랑수아 파스토의 식당에서는 어획 방식과 어류 자원량 현황을 살펴 멸종 위기종을 피해 메뉴에 쓰일 생선을 신중하게 선택한다. 프랑수아 파스토는 문제 해결의 주요한 부분을 소비자가 쥐고 있다고 말한다.

"아무도 우리에게 이러이러한 제품을 사라고 강요할 수 없어요. 우리에겐 이렇게 말할 수 있는 힘이 있습니다. '아니오, 저는 그 제품을 사고 싶지 않아요, 마음에 들지 않아요, 제 가치관에 어긋나거든요. 맞아요, 저는 이 제품을 살 거예요. 친환경적인 어획을 지지하기 때문이죠. 또한 프랑스의 먹거리를 구성하는 이 좋은 식품을 우리에게 제공해주는 분들을 응원하고 그들이 합당한 삶을 살 수 있도록 제대로 된 값을 내야 하기 때문이에요.'라고요."

프랑수아 파스토가 목소리를 높여 말한다.

"소비자들이 적극적으로 행동해야 합니다, 내가 먹는 것에 대해 질문해야 합니다. 생선가게에, 축산업자에게, 농부에게, 상인에게 주저하지 말고 질문해야 합니다. 우리는 우리가 사먹는 음식이 지구와 우리의 건강에 좋은 것인지 확신을 가질 수 있도록 그것들이 어디서 오는지, 어떻게 생산되었는지 알 권리가 있습니다."

14

미래를 바꿀 힘

**"우리는 물건을 구매하는 방식을 통해
투표할 때보다 더 강력한 힘을 발휘합니다.
이 힘은 매일, 무언가 구매를 할 때마다 발휘되죠."**

풀이 빽빽이 자란 넓은 초원에서 피에르 이나르가 소들을 불러 모은다. 지는 해가 소들의 연갈색 털을 비춘다. 그는 사육자 그 이상의 선구자다. 이 농학자는 무려 25년 전부터 공장식 축산에 반대해 투쟁해왔다. 프랑스 서부 연안 루아르-아틀랑티크 지방의 코뮌, 생오뱅데샤토에서 그는 100% 자립적인 축산 방식을 이루어냈다. 이곳의 소들은 남미에서 수입한 GMO 곡물이나 대두가 아니라 오로지 그의 초원에서 자라는 유기농 풀만을 먹고 자란다. 주류의 축산 모델과는 달리 이 시스템 안에서는 곡물 재배와 그에 따른 산림 파괴, 화학비료와 농약 사용으로 인한 온실가스 배출이 일어나지 않는다. 나아가 이 시스템은 환경에 이롭다. 탄소 저장고이자 생물다양성 보호 구역의 역할을 하는 초원을 가꾸고 보전하기 때문이다.

소비자와 생산자가 직접 주고받다

피에르 이나르는 자신의 노동으로 합당한 삶을 살기 위해 생산의 처음부터 끝까지, 다시 말해 들판에서부터 식탁까지 본인이 주관하기로 결정했다. 그는 소를 직접 도축장에 데려가 느리게 도는 작업장에서 고기가 잘리는 과정을 감독한다. 이어 아내와 함께 덩어리 고기를 포장해 소비자에게 직접 발송한다. 피에르 이나르는 대형 마트와 같은 통상의 산업적 유통 경로를 통해 자신의 제품을 판매하는 걸 거부한다. 그는 신기술을 이용해 직판 망을 만들었다. 자신의 푸른 방목장에서 피에르 이나르가 이 직판 망의 기능을 설명한다.

"저희는 직거래를 하기 어려운 환경의 사람들, 자기 집 가까이에서 농부를 찾아볼 수 없는 도시 사람들이 저희 웹사이트를 통해 직거래를 하고 사육자와 직접 소통할 수 있도록 했습니다."

고기는 냉장 트럭에 실려 고객의 집으로 배달된다. 이 판매 방식은 제품의 추적성을 크게 높인다.

"우리 소비자들은 누가, 어떻게 그 동물을 길렀는지 압니다. 환경과 동물복지를 존중하는 방식으로 생산이 이루어졌다는 것을 알지요."

또 한 가지, 특히 생산자에게 중요한 장점이 있다. 생산자가 가격을 직접 정한다는 점이다. 직거래는 부가가치가 생산자의 몫으로 돌아가도록 해준다.

"대형 유통 체인의 경우 유통업자가 가격을 정하고, 유통업자가 부가가치의 상당 부분을 가져갑니다. 사육자에게 돌아오는 몫은 극히 적죠."

이 중간 유통을 없앰으로써 생산성이 더 낮은 축산 방식임에도 생산자는 더 좋은 보상을 얻을 수 있다. 소비자는 품질이 더 좋은 제품을 저렴한 가격에 구매할 수 있다. 피에르 이나르의 유기농 고기는 킬로그램당 17~20유로에 판매되는데, 이는 대형 유통업체의 비유기농 고기의 가격과 거의 같다. 이 시스템으로 사육자는 수익뿐 아니라 자유도 얻는다. 피에르 이나르는 기업체들의 요구에 따를 필요 없이 자신의 신념, 즉 땅과 동물을 존중하는 농부라는 가치에 충실할 수 있다. 그는 목초지에서 소를 키우는 다른 생산자들 또한 그가 만든 웹사이트를 통해 제품을 유통할 수 있도록 했다. 그리고 그렇게 이들과 연합하여 프랑스에서 가장 큰 목초 소고기 생산자 조직을 만들었다.

소비자로서의 선택은 아이들의 미래를 선택하는 것

땅거미가 질 무렵 우리는 귀뚜라미 소리를 들으며 농장으로 돌아갔다. 석양에 신선한 풀 향이 배어난다. 항상 쉬웠던 건 아니지만 피에르 이나르는 그가 이룬 것을 생각하면 행복하다. 매출이 잘 유지되고 있고 미래를 떠올리면 작은 희망이 보인다. 그가 확신에 찬 목소리로 말한다.

"우리가 모든 걸 바꿀 수 있어요. 우리는 물건을 구매하는 방식을 통해 투표할 때보다 더 강력한 힘을 행사합니다. 이 힘은 매일, 무언가 구매를 할 때마다 발휘되죠. 공장식 축산으로 생산된 고기를 사는 것을 멈추고 지속 가능한 방식으로 방목해 키워 얻은 고기를 선택함으로써 소비자는 공기, 물, 자연, 동물을 존중하는 축산 방식과 그러한 방식을 지켜나가는 사육자들을 지지하고 발전시키는 데 투자하는 것입니다. 이로써 사육자들은 합당한 삶을 살 수 있고요. 소비자로서 무엇을 구매할지 선택한다는 건 우리 아이들이 미래에 어떤 세상에서 살아갈지를 선택하는 것입니다."

윤리적으로 고기를 구입하고 싶다면

텍사스 오스틴에서 나는 환경사 전문가인 제임스 맥윌리엄스 교수에게 세계 곳곳에서 피어나고 있는 이러한 대안적 축산 방식이 제시하는 해법에 대한 생각을 물었다. 그가 답한다.

"만약 고기를 구매하면서 윤리적인 선택을 하고 싶다면 당연히 지속 가능한 축산 방식으로 소규모 농장에서 생산된 고기를 선택하고, 목초지에서 자란 소, 방사되어 자란 닭과 돼지를 골라야겠죠. 하지만 꼭 알아야 할 것은 이러한 윤리적 선택이 지속 가능하려면 고기를 훨씬 적게 먹어야 한다는 겁니다. 이런 제품들은. 가격이 비싸니 소비자들이 이렇게 말할 수도 있겠죠. '이제부터 고기를 더 비싼 값에 사게 되겠지만 대신에 앞으로는 고기를 매일이 아니라 일주일에 한 번만 먹겠어.'라고요."

제인 구달은 여기에 공감하면서도 한 발짝 더 나아간다.

"지구를 구하기 위한 방법으로 누구나 할 수 있는 일이 있어요. 바로 고기를 적게, 가능하다면 아예 먹지 않는 것입니다."

15

단백질

'내가 필수 영양소들을 전부 섭취하고 있는 걸까?
영양 결핍이 생기지는 않을까?'

파리 거리에 찌는 듯한 더위가 한창 기승을 부렸다. 그 즈음, 프랑스에서 가장 오래된 기상 관측소인 몽수리 공원 관측소에서 140년 동안 관측해온 이래 최고 기온이 기록됐다. 2019년 7월 25일 오후, 42.6℃. 평년보다 10℃ 이상 높은 기온이었다.

지구와 우리의 건강에 좋은 식단을 찾는 여정 중에 나는 메츠 길과 포부르생드니 길이 만나는 모퉁이에서 내가 풀어야 할 문제에 대한 답을 줄지도 모를 한 남자를 만났다.

만약 우리 먹거리에서 고기와 생선의 비중을 대폭 줄여야 한다면, 혹시 우린 실망스러운 식사를 하게 되는 건 아닐까? 어떤 획일적 이념에 따른다는 느낌이 들진 않을까? 그렇게 먹는 기쁨을 잃어야만 하는 걸까?

각자의 식습관은 저마다의 개인사다

이번 인터뷰 상대는 58세인 질 다보다. 요식업에 종사했던 그는 이제 요리 강사로 활동하고 있다. 방학이어서 비어있는 한 학교 복도에서 그를 만났다. 키가 매우 크고 날씬하며, 희끗 희끗한 머리에 무테안경을 코에 걸치고 있다. 나는 그가 파리 9구와 10구의 학교 급식 조리사 열 명을 대상으로 이틀에 걸쳐 진행하는 수업에 참관할 수 있었다.

"모두가 무엇을 먹어야 하는지는 압니다. 여기저기서 말하니까요. 유기농을 먹어야 한다, 지역 생산물을 먹어야 한다, 이걸 먹어라, 저걸 먹어라……. 하지만 소득이 어떻든, 직업이 어떻든 간에 빈약한 식생활을 하는 사람들을 볼 수 있습니다. 요리를 전혀 할 줄 모르기 때문입니다. 레시피를 던져주고 영양상 따라야 할 것, 환경 면에서 지켜야 할 것들만 말할 게 아니라, 각자가 서 있는 자리에서 자신의 힘으로 한발 나아갈 수 있는 수단을 갖추도록 도와야 합니다."

질 다보가 손등으로 이마에 맺힌 땀방울을 닦아낸다.

"먹는다는 것은 무엇보다 문화입니다. 각자의 식습관은 그 사람의 개인사, 경제적·사회적 배경, 가정환경, 음식과 관련한 경험에서 비롯된 인식에 의해 형성됩니다. 그리고 우리는 아무리 다양한 메시지들이 쏟아져도 그것이 우리를 그다지 변화시키지 못한다는 것을 알죠."

질 다보는 신중하고 섬세하며 절대 과장되지 않은 어조로 이야기한다.

벌써 20년째 그는 단체식 종사자들을 대상으로 대안 요리를 가르치고 있다. 고기 비중을 상당히 줄이고, 잊히거나 밀려난 재료들을 주인공 자리에 세우는 요리다. 그의 주 고객은 병원과 중학교를 담당하는 데파르트망, 초등학교 급식을 주관하는 시와 같은 지자체 종사자들이다.

이번 이틀에 걸친 연수는 파리의 두 구區가 합동으로 진행하는 사업이다. 이들은 이 사업을 통해 공산품 식물성 스테이크처럼 아이들이 싫어해 늘 버려지고 마는 대체육으로 구성된 채식 식단에서 벗어나, 맛있고도 영양가 높은 채식 식사를 제공할 수 있기를 기대한다. 이 연수는 두 지자체가 시행하고 있는 더 상위 프로그램의 일환으로, 학교 급식이 환경에 미치는 악영향을 줄이는 것을 목표로 한다. 육류 생산은 온실가스를 대량 배출하기 때문에 이 목표를 달성하기 위해서는 고기의 양을 줄여야 한다. 이들은 한 녹색 전환 관련 컨설팅 회사에 이 임무를 맡겼다.

육류 소비량은 100년 만에 두 배로, 콩 소비량은 10분의 1로

나는 위생모에 하얀 조리복 셔츠 차림으로 급식소 주방의 형광등 아래에 섰다. 오늘의 연수생들, 학교 급식 조리사들이 둘러서 있다. 일주일에 5일, 몇십몇백 명의 아이들에게 수년 전부터 식사를 제공해온 이들이다. 이들이 만든 식사에는 고기나 생선이 빠지지 않는다. 이는 습관 그 이상이다. 물리법칙에 가깝다. 뉴턴의 사과가 땅에 떨어지고 말리라는 것만큼이나 확실하게 이들은 매일 아이들의 숟가락에 동물성 단백질을 올릴 것이다.

그린피스가 2017년에 시행하여 2019년에 갱신한 조사에 따르면 프랑스의 학교 급식은 육류와 유제품의 비중이 지나치게 높다. 프랑스 보건당국의 권장량을 기준으로 본다면 아이들은 두 배에서 네 배 많은 동물성 단백질을 급식으로 섭취한다. 그린피스는 당연히 동물성 단백질의 과다 섭취가 아동에게 과체중, 나아가 비만을 불러올 수 있음을 지적했다.

지금으로부터 20~30만 년 전 등장한 사피엔스의 역사에 현재 수준의 동물성 식품 소비는 없었다. 우리 종이 매우 일찍부터 사냥을, 특히 큰 포유동물 사냥을 한 듯싶지만 70년 전까지만 해도 고기는 일상적으로, 또 풍족하게 소비할 수 있는 것이 아니었다. 비교적 최근이라 할 수 있는 19세기 말, 프랑스인의 1인당 한 해 평균 고기 소비량은 40kg에 지나지 않았다. 경제 성장과 도시화, 문화의 변화와 더불어 20세기 말에 이르자 1인당 한 해 평균 고기 소비량이 90kg에 이르렀다. 100년 만에 두 배가 된 것이다. 한편 우리의 먹거리에 동물성 식품과 육류가 더 많이 포함될수록 과일, 채소, 섬유소가 풍부한 식재료, 전분질이 많은 채소의 소비는 줄었다. 전분질 채소는 우리 식탁에서 거의 사라지다시피 했다.

질 다보가 연수생들에게 말한다.

"1900년에는 1인당 연간 콩 소비량이 16kg이었다는 걸 아시나요? 2000년에는 이것이 1.6kg으로 줄었죠."

매일 아이들 수백 명의 식사를 책임지는 급식소의 총주방장인 한 연수생이 깜짝 놀란다. 질 다보는 관심을 끌어낸 것에 흡족해하며 말을 잇는다.

"이와 동시에 심혈관 질환, 과체중, 비만 문제는 증가했습니다. 고기가 우리 식사의 중심을 차지한다는 사실이 건강에 영향을 미치는 겁니다. 단지 고기 비중이 너무 높기 때문만은 아닙니다. 우리 몸의 균형에 꼭 필요한 다른 재료들이 사라졌기 때문입니다."

"먹거리에서 가장 중요한 것은 다양성"

예를 들어 토요일 저녁에 친구들과 또는 일요일 점심에 가족과 갈 법한 대중식당, 노동자들이 자주 찾는 식당이나 아이들이 먹는 급식을 떠올려보자. 주요리가 고기인 것에서 끝나지 않을 것이다. 아마도 생선 전채 요리나 샤퀴트리(염장·훈연·건조 등 다양한 조리 과정을 통해 만들어진 육가공품 - 옮긴이), 치즈 조금 그리고 디저트로는 달걀로 만든 크림이 나올 것이다. 우리의 식사는 이처럼 주로 동물성 지방으로 구성되어 있고 식물성 지방은 찾아보기 어렵다. 프랑스는 이른바 영광의 30년(1945~1975년)을 지나오면서 섬유질과 단백질이 풍부한 전분질 채소인 콩류를 내버렸다.

2000년대 초반, 프랑스 보건당국은 프랑스 국민들의 먹거리에 섬유질이 부족함을 인지하고 하루에 과일과 채소 다섯 가지 먹기를 권장하는 캠페인을 벌였다. 이때부터 프랑스인의 육류 소비는 조금씩 줄기 시작했다. 정확히 말하자면 최상위 부유층의 식습관이 변한 결과였다. 오늘날 프랑스인들은 1인당 연간 평균 85kg의 고기를 소비한다. 반면 중국과 같이 급격한 경제 발전을 이룬 일부 국가들에서는 육류 소비가 폭발적으로 늘었다.

1970년대, 중국인들의 1인당 연간 고기 소비량은 10kg이었다. 2015년이 되자 이는 67kg으로 폭증했다. 40년 동안 인구가 9억에서 13억으로 늘어나는 사이 육류 소비량은 무려 일곱 배나 증가한 것이다.

질 다보는 전 세계적으로 고기가 매일 식사의 중심 재료가 되며 보편화된 것을 두고 마치 일요일 식사가 한주 내내 차려지는 것과 같다고 말하곤 한다.

"1960년대 이전에 태어난 사람들에게 물어보면 이렇게들 말할 겁니다. '고기는 일요일에 먹는 것이었지. 심지어 가끔은 수프에 들어간 고기 지방 덩어리 조금이 전부였다고.'라고요. 이제는 고기가 풍족하고 일상적이죠. 유감스럽게도 흔한 것이 되었습니다. 이제 우리는 대체육, 재구성육 햄, '너깃' 따위까지도 만들어 먹습니다. 우리가 닭가슴살 너깃이라 부르는 것은 사실 60가지가 넘는 구성물로 이루어져 있으며 그 대부분은 지방, 뼈, 연골, 피부, 힘줄 그리고 물과 전분입니다."

그러나 질 다보는 고기가 가장 큰 비난의 대상이 되어서는 안 된다고 주장한다. 그가 경험을 통해 배운 것은, 먹거리에서 가장 중요한 것은 다양성이라는 사실이다. 그리고 고기 역시

이 다양성에 기여한다. 그는 고기가 중심 자리를 차지하는 것이 문제이며 이로 인한 다른 식재료 섭취의 결핍이 과체중, 심혈관 질환, 특히 당뇨를 부른다고 본다. 그래서 조리사들이 무엇보다 열린 사고를 갖도록, 고기를 적게 사용하거나 아예 제외한다고 해서 꼭 영양가가 없거나 부족한 건 아니라는 걸 보여주려 한다.

"'채식'이라는 단어를 대하는 우리의 인식 폭은 너무도 좁습니다. 조리사들에게는 굉장한 장벽이에요. 채식 요리를 내놓는 것이 떳떳하지 않게 느껴져 죄책감을 느끼기도 합니다. 채식에는 '영양가가 적고 맛이 별로인'이라는 함의가 붙습니다. 사실상 부정적인 요소들을 연상시키죠. 제가 하는 수업은 이를 완전히 다른 시각, 아주 긍정적인 시각으로 전환하는 겁니다. 저는 조리사들이 요리에 다양성을 더 많이 담도록 가르칩니다. 이들에게 가능성을 열어주어 결국에는 고기를 줄이도록, 더 다채롭고 질 높고 영양가 풍부한 요리를 하도록 하는 것이 제 목표입니다."

질 다보는 조리사들이 할 수 있는 바가 많지 않다고 생각하지만 좌절하지 않고 조리사의 역할에 새로운 의미를 부여하려고 노력한다. 그의 수업이 다 끝나고 나면 머지않아 파리 곳곳의 학교들에서 새로운 움직임이 활발히 일어날 것이다.

익숙하지 않은 재료의 새로운 발견

맛있는 요리 냄새가 가득한 가운데 열 명의 요리사가 신나게 어울리고 때로는 서로 부딪치기도 하며 융화되는 모습을 상상해보라. 소그룹으로 나뉜 연수생들이 조리대와 오븐 사이를 오간다. 질 다보가 말한다.

"저는 이들이 자신에게 익숙하지 않은 재료들을 새로이 발견하도록 돕습니다. 예를 들어 이들이 한 번도 써본 적 없는 곡물들을 이용하죠. 저는 프랑스 서부 출신으로 제가 사는 지방에서는 모두 메밀 갈레트를 먹습니다. 저는 메밀가루에 버터를 한 덩이 녹여 섞었을 뿐인데 크레이프 가게에서 맛보는 브르타뉴식 갈레트가 만들어지는 것을 연수생들이 보고 맛보도록 해줍니다. 아주 간단한 조합으로 작은 갈레트를 만들 수 있음을 보여주고 이를 피자나 그라탱에 활용할 방법을 알려줍니다."

질 다보는 연수생들의 손에 금색, 갈색, 초록색이 섞인 낱알을 쥐여주며 말한다.

"저는 무엇보다 여러 종류의 채소들을 발견하게 해줍니다. 이 조리사들에게 전분질이라 하면 감자, 쌀, 파스타가 전부였을 겁니다. 이런 이들에게 강낭콩을 재발견하게 해주죠. 그리고 병아리콩이나 렌틸콩 등과 같이 아주 특별한 날에나 써봤을 법한 재료를 아주 간단한 조리법으로 새로이 느끼게 해줍니다. 강낭콩을 예로 들어보죠. 저는 강낭콩이 좋아요, 프랑스에서 자라니까요. 알맞게 익은 강낭콩은 입에서 살살 녹고 크림처럼 부드러우며 입맛을 돋운다는 걸 요리사들이 깨닫게 해줍니다."

한 소그룹이 지방을 4분의 1로 줄인 마요네즈를 만드는 데 열심이다. 그 비법이 뭘까? 바로 달걀을 감쪽같이 대체한 흰강낭콩이다. 흰강낭콩 100g과 샬롯 양파, 머스터드, 식초에 좋은 기름을 넣고 전부 섞는다. 그러면 달걀이 들어가지 않은, 단백질 중에서도 식물성 단백질이 풍부한 마요네즈가 완성된다. 또 한 그룹은 붉은강낭콩으로 초콜릿 케이크를 만들고 있다. 병아리콩이나 렌틸콩으로도 대체 가능한 레시피다.

식재료의 새로운 발견
질 다보는 익숙하지 않은 재료들을 새로이 발견하도록 돕는 요리를 만든다. 메밀로 만든 갈레트, 강
낭콩으로 만든 마요네즈와 초콜릿 등 그의 손끝에서 지금껏 보지 못한 새로운 음식들이 탄생한다.

더 나은 세상을 위한 레시피

영양소 걱정, 해법은 곡류와 콩류의 조합

질 다보의 대안 요리는 우리가 동물성 단백질을 끊었을 때 드는 다음과 같은 의문에 답을 준다. '내가 필수 영양소들을 전부 섭취하고 있는 걸까? 영양 결핍이 생기지는 않을까?'

질 다보의 해법은 콩류와 곡류의 조합이다. 그가 이 둘을 구분할 수 있는 유용한 방법을 알려준다. 곡류는 그 알곡이 겨에 싸여 있는 작물이다. 흔히 이용되는 곡류로는 밀, 쌀, 좁쌀, 보리, 귀리 등이 있다. 그리고 콩류는 알맹이가 깍지에 싸여 있는 작물이다. 가장 잘 알려진 것으로는 렌틸콩, 강낭콩, 누에콩, 완두콩, 루핀씨, 대두 등이 있다.

이 두 종류의 작물은 식물성 단백질을 풍부하게 함유하고 있다. 하지만 따로 섭취할 경우 각각의 단백질은 동물성 단백질과 동일한 아미노산 조합을 가져다주지 못한다. 뼈 성장, 근육 생성, 건강한 뇌 활동, 면역 등 우리 신체의 기능에 필수라 여겨지는 아미노산은 여덟 가지로, 류신, 아이소류신, 발린, 트레오닌, 메티오닌, 페닐알라닌, 트립토판, 라이신이다. 여기에 아동과 임신부에게는 아홉 번째 아미노산, 히스티딘이 추가로 필요하다. 이 아미노산들은 육류에 모두 존재한다. 하지만 콩류와 곡류를 한 끼 식사에 혹은 하루에 조합해 먹는 방법으로도 필수 아미노산들을 모두 섭취할 수 있다. 초원이나 축사에서 소가 무엇을 먹는지 살펴보면 먹이가 곡류와 콩류로 이루어진 것을 알 수 있을 것이다. 소들은 곡류인 수수, 밀, 보리, 귀리와 콩류인 개자리, 루핀, 클로버를 먹는다. 이것들이 자연적으로 합성이 되어 그 결과 고기와 유제품이 만들어지고, 거의 동일한 식단을 가진 암탉에게는 달걀이 만들어지는 것이다.

곡류와 콩류의 조합은 세계적으로 수많은 민족에게 조상 대

곡류와 콩류의 조합
질 다보는 콩류와 곡류에 식물성 단백질이 풍부하게 들어 있어 한 끼 식사에 혹은 하루에 조합해 먹는 방법으로도 필수 아미노산들을 모두 섭취할 수 있다고 이야기한다.

대로 이어져 내려오는 전통 식단이다.

나는 라호르 시장의 푸리(밀가루 반죽을 동그란 모양으로 얇게 밀어 기름에 튀겨낸 인도의 전통 빵―옮긴이) 튀기는 냄새를 기억한다. 파키스탄에 특파원으로 파견되어 있던 시절, 나는 파키스탄 북동쪽, 펀자브주의 주도인 이 대도시를 자주 돌아다녔다. 겉은 은빛이지만 안쪽은 세월로 인해 검게 그을린 커다란 프라이팬 앞에 전통 복장 살와르 카미즈를 입고 웅크려 앉은 길거리 음식 상인이 둥근 밀가루 반죽을 끓는 기름에 넣는다. 얼마 지나지 않아 상인이 공처럼 부푼 푸리를 꺼낸다. 전통적으로 푸리는 병아리콩을 양파, 토마토와 함께 졸인 커리인 차나 마살라chana massala나, 더 맛있게는, 커민과 생강으로 양념하고 고수로 향을 더한 렌틸콩 퓌레인 달dhal과 함께 먹는다. 조금 더 동쪽인 네팔 히말라야 산간 지역에서는 네팔의 대중적인 메뉴로 렌틸콩 퓌레에 쌀밥을 곁들여 먹는 요리인 달밧dhal bhat을 즐겨 먹었다.

병아리콩과 밀, 렌틸콩과 쌀. 질 다보의 수업을 듣기 전까지는 인식하지 못했으나 모두 곡류와 콩류의 조합이었다.

더 동쪽으로, 북위 20도에서 10도 사이, 망고나무 잎사귀들 아래, 베트남이나 캄보디아의 길가 노점에서는 숙주와 볶은 채소를 쌀밥에 섞어 내놓는다.

이번에는 지구를 180도 돌려보자. 브라질에서 가장 흔한 음식은 두말할 것 없이 아로스 드 페이자웅arroz de feijão이다. 붉은강낭콩 혹은 검은 강낭콩이 들어간 필라프 라이스다.

적도를 넘어 북쪽으로 가보자. 멕시코에서는 흔히 강낭콩과 옥수수 전병이 함께 나온다.

마그레브의 뜨거운 태양 아래 서보면 어떨까. 이 지역의 전형적인 요리법은 병아리콩과 누에콩을 세몰리나(듀럼밀을 빻아 만든 가루 ─옮긴이)와 섞어 여기에 채소와 수프스톡을 넣는 것이다.

이처럼 전통적으로 대중적인 요리들에 육류, 해산물, 생선 혹은 달걀이 함께 나오는 경우는 대개 드물뿐더러 있다 해도 양이 많지 않다.

콩류와 곡류를 조화시키는 이 전 지구적 식단은 수천 년 전부터 영양 면에서 그 효능이 입증되었다. 이 식단은 우리에게 필요한 단백질을 완벽히 채워준다. 농학적 시각으로 봐도 훨씬 이치에 맞다.

질 다보가 설명한다.

"현재의 산업 시스템에서 우리는 옥수수, 대두, 해바라기와 같은 식물성 단백질원을 초식동물들에게 먹여, 이 초식동물들에게서 먹을 것을 취합니다. 자원 활용 면에서 보면 어이 없는 일입니다. 집약적 시스템에서 길러지는 소 한 마리를 예로 들어보죠. 소 한 마리로 1,500인분의 식사를 마련할 수 있습니다. 그런데 이 소를 키우는 데 들어가는 식물성 단백질은 18,000인분의 식사를 마련할 수 있는 양입니다. 즉 동물성 단백질을 먹기 위해 그 열두 배나 되는 식물성 단백질을 생산해야 하는 것입니다. 그리고 열두 배 적은 사람들을 먹이는 것이죠. 농업적 투자에 비하면 너무나 보잘것없는 생산성입니다. 프랑스 전역에서 여름철 건기마다 옥수수밭에 국가 보조금이 지원되고 공공재인 담수가 뿌려지는 것을 볼 수 있습니다. 왜일까요? 국민들을 위해 '저렴한' 고기와 우유를 생산하게끔 하기 위해서입니다. 섬유질, 콩류, 통곡물을 잘 먹지 않는 그 국민들을 위해 말이지요."

식물성 단백질의 새로운 맛과 먹는 재미를 아이들에게

연수가 끝을 향해 간다. 조리사들이 오늘 만든 요리들을 급식실 식탁 위에 올려놓는다. 메밀을 넣은 채소 그라탱, 강낭콩과 귀리로 만든 미니 채식 버거, 쌀·렌틸콩·작은 채소들 그리고 커리 가루를 넣은 샐러드, 얇게 썰어 간장 소스에 구운 두부와 볶은 채소를 넣은 파스타. 붉은강낭콩으로 만든 초콜릿 케이크, 병아리콩과 옥수수로 만든 레몬 케이크. 다 함께 즐겁게 맛보는 시간, 만족감에서 우러나오는 훈훈한 웃음이 모두의 얼굴에 묻어난다.

오후 끝자락, 학교 운동장 한쪽 가림막 아래에서 질 다보와 이야기를 이어간다. 그가 말한다.

"아이들에게 먹는 법을 가르치는 것은 대단히 중요한 일입니다. 이 콩으로 만든 케이크들, 이 간단한 요리들, 이 쉬운 그라탱으로 아이들에게 새로운 맛과 먹는 재미를 알려줄 수 있습니다. 아이들이 첫발을 뗄 수 있도록 도와주는 것이 매우 중요합니다. 청소년기에 패스트푸드 등 다른 길로 빠지더라도, 그건 그렇게 큰일이 아니에요. 어린 시절에 음식과 관련한 몇 가지 중요한 기초만 익혀 놓으면 어른이 되어서 다시 돌아오게 되어있습니다. 그리고 그렇게 알게 된 것을 자식들에게 다시 물려줄 것이고요."

긴 하루였지만 질 다보는 여전히 할 말이 많다. 마치 수많은 대중 앞에서 자신의 메시지를 전달해야만 하는 긴박한 상황에 맞닥뜨린 사람처럼 말이다.

"급식은 변화를 이끌 엄청난 수단입니다. 아이들은 유기농이 자신들을 위한 것이라는 사실을 알게 될 것입니다. 자신들이 식물성 단백질을 즐길 수 있다는 사실, 그것이 맛있다는 사실도요. 그렇게 아이들은 기후변화에 대응하고 21세기에 지구의 평균 온도가 2℃ 이상 상승하지 않도록 하는 데 기여할 것입니다. 굉장한 일이지 않습니까?"

저녁 7시, 질 다보와 인사를 하고 학교를 나선다. 절절 끓는 아스팔트에서 열기가 뿜어 나온다.

몇 달 뒤, 나는 파리 9구와 10구의 급식소들이 급식 메뉴에서 고기를 줄이고 낭비되는 음식물을 줄여 온실가스 배출을 20% 감소시키는 데 성공했다는 소식을 들었다. 이 사업을 구상해낸 녹색 전환 전문 컨설팅 업체인 에코2이니셔티브Éco2 initiative는 파리의 모든 구로 사업을 확장할 예정이다.

16

죽음

'노골적으로 표현하자면,
우리의 먹거리가 가장 강력한 살인범입니다.'

독일 포츠담기후영향연구소 정원. 연구소장인 요한 록스트림 박사와 보리수 그늘 아래 앉아 이야기를 이어간다.

"최근 통계에 따르면 지금의 먹거리 체계는 매년 천만 명의 조기 사망을 유발합니다. 믿건 믿지 않건 전 세계 연간 사망자 수의 약 20%에 해당하는 수치입니다. 오늘날 우리가 먹는 방식이 술, 약물, 담배를 모두 합친 것보다 더 많은 죽음을 불러오고 있습니다."

"그럼 조기 사망 원인 1위인 겁니까?"

"예. 노골적으로 표현하자면, 우리의 먹거리가 가장 강력한 살인범입니다."

산업화된 국가들의 먹거리가 만성질환의 주원인

취재를 하는 동안 나는 많은 학자를 인터뷰했다. 요한 록스트룀 박사만큼 시원하게 말하는 이도 드물다. 하지만 자료가 이토록 명백한데 이리저리 돌려 완곡히 표현할 필요가 있을까? 이십여 년 전부터 과학 연구들은 하나의 결론에 이르고 있다. 우리의 먹거리가 오늘날 산업화된 국가들의 공공보건에서 가장 큰 문제인 만성질환 발병의 주된 원인이라는 것이다.

요한 록스트룀 박사는 이렇게 이야기한다.

"산업 공정을 거쳐 생산된 가공식품이 지나치게 큰 비중을 차지하면서 포화지방, 설탕, 지방, 탄수화물이 다량 포함된 우리의 먹거리가 21세기에 가장 만연한 질병들, 즉 암, 당뇨, 심혈관 질환, 뇌졸중, 비만의 한 원인이 되었습니다."

2019년에 등장한 코로나19 팬데믹도 이러한 팬데믹들 사이에 서면 작아진다. 이제 비만은 영양불량만큼이나 인간이 맞서야 할 문제로 떠올랐다. 현재 전 세계적으로 비만 인구는 약 20억 명으로, 먹을 것이 충분치 못한 인구에 버금가는 수다. 더 염려스러운 점은 암 역시 빠르게 증가하고 있다는 사실이다. 한 해에만 전 세계 1,700만 명이 암 판정을 받으며, 그중 프랑스인은 36만 명이다.

2018년, 암은 세계적으로 960만 명의 목숨을 앗아갔다. 한편 심혈관 질환은 세계보건기구WHO가 꼽은 전 세계 사망 원인 1위로, 한 해에만 세계적으로 1,700만 명, 프랑스에서는 약 18만 명이 이로 인해 목숨을 잃었다. 먹거리가 이러한 질병들의 유일한 원인은 아니지만, 유전적 요인이나 환경적 요인과 같은 기타 요인들과 복합적으로 작용하여 치명적인 결과를 불러올 수 있다. 예를 들어 붉은 육류나 주류의 과도한 소비가 다른 위험 요소들에 더해져 암을 불러일으킬 수 있는 것이다. 또 우리의 먹거리는 이러한 만성질환들뿐 아니라 류머티즘성 질환, 소화계 질병, 뇌 기능 장애에까지 영향을 미친다는 강력한 의심을 받고 있다. 아직 입증되지 않은 부분이 있지만, 세계보건기구는 먹거리와 알츠하이머병의 관련성을 시사하는 믿음직한 가설들이 있음을 밝힌 바 있다.

정부 차원의 예방과 권고 의지가 관건

인간적인 비극이며 동시에 경제적인 문제다. 이 질병들은 의료비와 관련한 직접 보건비용과 병가와 관련된 간접 보건비용을 발생시킨다. 프랑스의 경우 음식이 그 발병에 결정적 역할을 하는 암에 매년 140억 유로의 보건의료비를 지출한다. 심혈관 질환에는 매년 약 280억 유로, 비만에는 약 200억 유로가량이 든다.

정부 차원의 예방과 권고가 보건의료비 지출에 큰 영향을 미칠 수 있다. 시민들이 더 나은 식습관을 갖고 더 나은 먹거리가 시중에 공급되도록 하는 데 효과적인 정책을 마련하고자 하는 강력한 정치적 의지만 있다면 말이다.

17

로비

**육류, 유제품 산업 로비 단체들이 학교 급식의 구매 방향을
결정한다는 사실을 발견했다. 어떻게? 아주 간단히,
정부가 만든 연구단에 들어가는 것이다.**

아주 느리게, 어떤 것이 건강한 식단인가 하는 담론에 변화
가 일고 있다. 하지만 아직 멀었다! 정부가 나서서 육류 소비
를 장려하던 것이 바로 얼마 전 일이다. 그리고 오늘날 세상이
변하기 시작하긴 했지만, 이 느리고 탈 많은 전환의 길에서 우
리는 정부의 태만함과 강력한 로비의 힘을 더 뚜렷이 목격하
게 된다.

2001년, 프랑스에서는 처음으로 당국이 먹거리에 관한 공
식 권고안을 발표했다. 리오넬 조스팽 정부는 공공보건 기관,

학계, 소비자 단체 및 산업계를 규합하여 프랑스 국민건강영
양프로그램PNNS을 만들었다. 이 프로그램에 주어진 임무는 공
공보건 측면에서 매우 중요한 것이었다. 바로 건강을 유지하
기 위해 프랑스인이 지켜야 할 식습관 지침에 해당하는 '영양
기준repères nutritionnels'을 세우는 일이었기 때문이다.

정부 공식 권고안의 영양 기준

당시의 권고안에는 '육류'와 '샤퀴트리'라는 단어가 등장조
차 하지 않았다. 권고안이 주안점으로 둔 사항은 과일과 채소,
칼슘 섭취를 늘리라는 것이었다.

2006년, 두 번째 국민건강영양프로그램이 수립됐다. 자비
에 베르트랑이 보건부 장관으로 임명된 시기였다. 이 새로운
권고안의 서문에서 자비에 베르트랑 전 장관은 "비만과 '비만
형' 당뇨, 심혈관 질환, 몇몇 암을 비롯한 영양불량 관련 질환
들의 계속적인 증가"가 우려된다고 했다. 진단은 좋았다. 하지
만 처방은 그렇지 못했다. 육류 소비를 줄이는 것이 중요하다
는 데에 전 학계가 이미 동의하는 상황에서 이 새로운 국민건
강영양프로그램은 고기, 생선, 달걀을 하루에 1~2회 섭취할

것을 권고했다! 또 이 '건강' 식단은 하루 세 번 유제품을 먹을 것을 권장했다. 동물성 단백질 축제다. 산업계는 만족하여 이 메시지를 널리 퍼뜨렸다. 2012년, 우유업계 로비 단체(프랑스 국립낙농협의회CNIEL)는 아이들을 대상으로 하는 광고를 제작했다. 광고에 등장한 무시무시한 늑대는 아침에는 페레트(라 퐁텐의 우화 〈페레트와 우유 단지〉의 주인공—옮긴이)와 함께 우유를, 점심에는 까마귀와 그뤼에르 치즈를, 밤에는 빨간 망토 소녀와 요구르트를 먹는다. 광고는 유제품을 하루 세 번 먹어야 함을 여러 번 반복해 강조한다. 그리고 다음의 유명한 슬로건으로 끝이 난다. "유제품은 인생의 친구입니다."

한편 육류 로비 단체(프랑스 쇠고기 및 육류 산업협회INTERBEV)는 2020년 자체 홈페이지(la-viande.fr)에 또 한 번 다음의 내용을 게시했다.

"프랑스 국민건강영양프로그램은 고기, 생선, 달걀을 하루 1~2회 섭취할 것을 권장합니다."

이는 2019년을 기점으로 더는 유효하지 않은데도 말이다.

먹거리 공식 권고안의 함정

이러한 공식 권고안은 일반 대중에게 영향을 주는 것에 그치지 않는다. 매일 급식을 먹는 약 700만 어린이들의 식생활을 좌지우지할 직접적인 힘을 가졌다. 2007년 프랑스 경제부에서 단체급식시장연구단GEMRCN을 만들었다. 이 단체는 공식 권고안을 바탕으로 학교, 병원, 양로원, 전 공공기관 단체 급식소의 담당자들을 대상으로 하는 구매 지침을 만드는 역할을 맡았다. '영양 권장Recommandations nutritionnelles'이라는 이름의 이 지침은 식단에 포함할 동물성 단백질의 비율을 정한다. 즉, 이 지침이 아이들의 급식에 어느 정도의 주기로 어느 정도 양의 붉은 육류, 생선, 가금류, 샤퀴트리 등이 오를지를 결정하는 것이다. 그런데 이상하게도 이 단체급식시장연구단은 공식 권고안보다도 한술 더 뜬다.

프랑스의 식약처에 해당하는 국립식품환경위생노동청ANSES은 아동이 점심식사를 통해 섭취해야 할 단백질의 양을 연령별로 산정했다. 그린피스 프랑스지부는 이 양과 단체급식시장연구단의 권장량을 비교했다. 결과는 놀라웠다. 단체급식시장연구단 권장량이 2배에서 4배까지 더 많았던 것이다!

유치원에 다니는 3세 아동을 예로 들어보자. 국립식품환경위생노동청의 권장안에 따르면 이 아동은 4.8g의 단백질을 섭취해야 한다. 그런데 단체급식시장연구단의 가이드에 따르면 20g을 섭취해야 한다! 6세 아동의 경우 국립식품환경위생노동청은 단백질 7g이 필요하다고 보는 반면 단체급식시장연구단은 26g을 권장한다!

조사를 진행한 그린피스의 로르 뒤코Laure Ducos가 설명한다.

"만약 단체급식시장연구단의 지침에 따라 점심을 먹는다면 육류와 유제품만으로도 보건당국의 영양 기준 이상을 섭취하게 됩니다. 이 방식으로 책정된 6세 아동의 한 끼 식사에 포함된 단백질 총량을 계산하면, 소고기로 21g, 식물성(빵, 파스타, 채소)으로 16.9g, 요거트로 5g, 총 42.9g입니다. 점심에 할당된 단백질 섭취 기준의 600% 가까이 되는 양입니다! 지나칩니다. 건강에 영향을 미칠 수밖에 없습니다. 동물성 단백질의 과도한 섭취는 아이들의 과체중과 비만을 유발합니다."

정책에 영향을 끼치는 사람은 누구인가?

왜 이런 차이가 나타날까? 아이들이 보건당국이 권장한 섭취량보다 네 배나 많은 단백질을 급식으로 먹도록 하는 이 프랑스 시스템을 어떻게 설명해야 할까? 조사에 착수한 그린피스는 오랜 시간을 들이지 않고도 그 답을 찾을 수 있었다. 로르 뒤코는 육류, 유제품 산업 로비 단체들이 학교 급식의 구매 방향을 결정한다는 사실을 발견했다. 어떻게? 아주 간단히, 정부가 만든 시장연구단에 들어가는 것이다. 정부의 권장사항을 구매 지침으로 변환해 급식 메뉴의 구성, 배식량, 각종 음식이 제공되는 주기를 결정하는 역할을 하는 그 연구단에 말이다.

로르 뒤코는 단체급식시장연구단 지침 갱신에 중요한 해였던 2014년, 일곱 번의 연례회의에 총 43명의 참석자가 등록되어 있었다고 했다. 그중 8명이 육류, 유제품 산업을 대표하는 이들이었다. 일부는 앞서 언급한 육류 로비 단체인 프랑스 쇠고기 및 육류 산업협회 소속, 또 일부는 프랑스 유제품 산업을 대표하는 ALTA 소속, 나머지는 프랑스에서 가장 큰 산업 연맹 중 하나인 프랑스 식품산업연맹Association nationale des industries alimentaires, ANIA 소속이었다. 식품산업연맹의 이사회에는 락탈리스Lactalis, 아브릴Avril, 다논Danone, 네슬레Néstlé 등의 식품 대기업들과 프랑스 유제품산업연맹, 육가공연맹 등이 포함되어 있다. 물론 산업계 대표들은 회의에 누구보다 성실히 참석했다.

로르 뒤코가 설명한다.

"저희는 이 업무팀의 회의 참석 기록을 입수했습니다. 기록을 살펴보니 보건부, 농업부 대표들은 총 일곱 번의 회의에 세 번 이하로 참석했더라고요. 학계 대표 세 명은 단 한 차례 참석했고요. 그리고 단 세 명의 영양전문가만이 절반 이상의 참석률을 보였습니다. 그렇게 육류와 유제품 산업계를 대표하는 이들이 사실상 영양전문가들만큼의 영향력을 갖게 된 것입니다. 그러니 동물성 단백질과 관련한 이 연구단의 방침이 과학적 권장사항과 이리도 거리가 멀다는 것이 그다지 놀랄 일도 아니지요."

로비는 단지 이 연구단이라는 연결고리의 말단에서만 벌어지는 것이 아니다. 로비는 그보다 위, 국가의 공식 권장안을 제정하는 프랑스 국민건강영양프로그램의 운영·감시 위원회에까지 손을 뻗치고 있다. 이와 관련한 프랑스 사회업무감사총국IGAS의 보고서는 특히 시사하는 바가 크다.

2015년, 프랑스 정부로부터 국민 건강에 중대한 이 프로그램을 평가하라는 지시를 받은 사회업무감사총국은 다음과 같은 사실을 밝혔다.

"프랑스 국민건강영양프로그램은 합의를 기반으로 하다 보니 실효성이 검증된 정책들을 하나도 채택하지 못해왔다. 국민건강영양프로그램은 합의와 이해 관계자들의 이해를 고려한다는 명목으로 영양 문제에서 아주 주요한 면을 은폐했다. 무엇보다 국민건강영양프로그램은 공급자 쪽에 취할 수 있는 조치를 충분히 고려하지 않았는데, 이는 농산물 가공업자들이 벌인 로비의 힘이 그만큼 강력했기 때문이다."

사회업무감사총국 조사단이 국민건강영양프로그램 관계자들을 심문했는데, 그중 다수가 동물성 단백질과 관련한 몇몇 영양 기준 설정에 유제품 업계가 영향력을 미쳤다고 털어놓았다. 이에 따라 사회업무감사총국은 보고서에서 매우 분명하게 결론을 내렸다.

"경제 주체가 (⋯) 공공보건과 관련한 메시지에 영향력을 미치거나, 실효성이 검증된 다양한 수단을 사용하는 것을 가로막을 여지가 있어서는 안 될 것이다. (⋯) 그러나 강력한 정치적 버팀목이 부족한 탓에 이 경우가 그러하였다. 또한 수많은 조정사항에 압력을 행사한 흔적이 드러난다."

그린피스의 로르 뒤코는 산업계의 참여 자체를 비난하지는 않는다. 그녀는 말한다.

"산업체들의 참여가 의미 있을 수 있죠. 하지만 그 참여는 자문의 역할에 머물러야 하며, 동물성 식품과 식물성 식품산업체 모두를 대표해야 합니다."

2019년, 프랑스 정부는 180도 방향을 틀었다. 과학 지식에 역행하고 있을 수만은 없게 된 것이다. 과도한 육류 소비의 위험성을 다룬 보고서들이 쌓여갔고, 세계보건기구는 2015년 10월 말 800개 연구에 기반하여 가공육(특히 샤퀴트리)을 발암물질로, 붉은 육류를 발암 가능 물질로 분류했다.

그렇게 프랑스 국민건강영양프로그램은 새롭게 거듭났다. 육류를 하루에 두 번까지 섭취할 것을 장려했던 보건부는 이제 육류(가금류 제외) 소비를 제한할 것을 권장한다. 또한 성인의 경우 유제품 섭취를 하루 두 번 이하로 제한할 것을 권장한다. 패러다임의 전적인 변화다.

육류 소비가 건강에 미치는 영향에 대한 연구들

잃어버린 시간이여! 나는 여러 연구 결과들을 살피던 중, 암과 육류 소비의 연관성이 무려 1975년부터 지적되어 왔음을 발견하게 됐다. 1975년 〈국제 암 저널International Jornal of Cancer〉에 실린 한 논문은 이미 다음과 같이 판단했다.

"식단은 각종 암과 연관성이 크며, 특히 육류 소비는 대장암과 관련이 깊다."

이 같은 내용의 연구들이 늘어가는 가운데 2003년 세계보건기구는 "식이, 영양, 만성병 예방" 보고서에 이렇게 적었다.

"고기와 지방의 다량 섭취로 (대장암의) 발병 소지가 증가한다는 증거들이 존재한다."

췌장암과 관련해서는 같은 보고서에 다음과 같이 적었다.

"일부 연구들은 육류의 다량 섭취로 위험이 증가할 수 있음을 시사한다."

이 시점에 모든 정보가 일치하는 것은 아니었지만, 세계보건기구는 이때부터 매우 분명하게 비非채식인들에게 "가공된 육류 섭취 줄이기"를 권고했다.

프랑스의 2차 국민건강영양프로그램의 권장사항에 따라 하루에 고기를 1~2회, 유제품을 3회 먹는 것이 장려되던 시기, 매우 눈에 띄는 논문 하나가 2007년 〈미국임상영양학회지The American Journal of Clinical Nutrition〉에 게재됐다. 논문에서는 다음과 같은 결론이 도출되었다.

"열두 달 된 영아가 동물성 단백질, 특히 유제품을 다량 섭취하면 이는 7세에 불리한 신체 구성으로 연결될 수 있다. 또한 5~6세는 단백질 섭취가 향후 비만 가능성과 연관될 수 있는 또 하나의 결정적인 시기일 수 있다."

한편 아동의 과체중은 당뇨, 염증성 장 질환, 간장 장애 등 미래 건강에 영향을 미칠 수 있음이 다수의 연구를 통해 지적되고 있다.

비만은 전 세계 수많은 국가가 겪고 있는 보건 문제다. 프랑스도 예외가 아니다. 프랑스 아동 다섯 명 중 한 명이 과체중이며 3.5%가 비만이다. 그리고 이 문제는 절로 나아지는 문제가 아니다. 약 3만 명의 프랑스인을 대상으로 조사한 결과 15% 이상이 비만이라는 것이 드러났다. 1997년에는 8.5%였다. 과체중은 현재 프랑스 국민의 절반이 겪고 있는 문제다.

증거들이 바로 여기에 이렇게 있으며, 육류 소비가 미치는 영향에 관한 정보들은 점점 더 명확해지고 있다.

세계보건기구는 10개 연구의 자료들을 분석하여 매일 50g의 가공육 섭취가 결장암, 직장암 위험을 약 18% 높인다는 사실을 밝혔다.

산업계 로비를 어떻게 이길 수 있을까

오늘날 증거가 이렇게 명백한데도, 당국은 학교 급식 책임 자들에게 여전히 동물성 단백질을 지나치게 높은 비중으로 권 고하는 단체급식시장연구단의 구매 지침을 따르도록 하고 있 다. 프랑스 국가 공식 권고안에서는 이제 육류 소비를 제한하 라고 권장하면서도 말이다.

단체 급식 세상은 느리게 변한다. 단체 급식이 육류 산업에 서 4억 6천만 유로가 넘는 시장이고 유제품 산업에서 2억 8 천만 유로의 시장이라는 최근 통계가 분명 이와 무관하지 않 을 것이다.

그럼에도 그린피스와 로르 뒤코의 노력은 변화를 이루어내 기 시작했다. 2019년 긍정적인 혁신이 있었다. 프랑스에서 법 으로 학교 급식에 주 1회 이상 채식 메뉴를 의무 제공하도록 한 것이다. 하지만 지금으로서는 2년간 실험적으로 시행되는 것일 뿐이다. 로르 뒤코는 이것이 머지않아 법으로 굳건히 자 리 잡기를 희망한다.

이처럼 십 년이 넘는 시간 동안, 로비 권력, 보수 세력, 산업체들을 언짢게 하기 싫은 두려움 혹은 몇몇 산업 분야를 위태롭게 하지 않으려는 의지가 영양 권고안을 잘못된 방향으로 이끌었다. 건강에 위험할 수 있음에도 단백질을 과도하게 섭취하는 식단이 수천만 명의 아이들에게 매일 십 년 동안 제공되었다. 그 십 년을 아이들에게, 특히 저소득층 아이들에게 건강을 위한 최고의 식단을 제공하는 데에 쓸 수도 있었다.

이제 우리가 해야 할 질문은 이것이다.

앞으로 몇 년 안에 우리가 이룰 수 있을 것인가?

로르 뒤코는 말한다.

"산업계 로비는 아무도 이길 수 없는 재정적 수단과 힘을 가졌습니다."

18

의학

"플렉시테리언 식단은 우리가 아는 한
당뇨, 뇌졸중, 암을 예방하는 최고의 식단입니다."

고대 그리스 시대 지중해 연안에서 서양 의학의 아버지 히포크라테스는 병자를 치료함에 있어 음식의 역할을 강조했다. 약 2,500년이 지난 지금, 우리의 먹거리 모델을 바꾸는 것이 발명된 것 가운데 최고의 약이라면?

우리의 건강을 결정하는 식탁 위 먹거리

"우리의 먹거리가 살 만한 지구를 지키기 위한 가장 강력한 수단입니다. 동시에 인간의 건강을 증진시키기 위한 주요 수단이기도 하지요."

요한 록스트룀 박사의 이와 같은 말을 프랑스 영양역학자 세르주 에르크베르 박사 또한 거듭 강조한다. 파리 18구의 한 호텔에서 그를 만났다. 그는 식품 포장 겉면에 뉴트리스코어(Nutri-Score, 영양점수)를 표기하도록 하려는 투쟁에 한창이었다. 뉴트리스코어는 식품의 영양가를 한눈에 볼 수 있도록 하는 라벨링 시스템이다. 상품 포장 뒷면에 새겨진 이해할 수 없는 용어와 숫자로 가득한 도표를 포장 전면의 로고 하나로 바꾸는 것이다. 로고는 신호등의 색 체계를 기반으로 한다. 초록색

뉴트리스코어
식품의 영양가를 한눈에 볼 수 있도록 식품 포장 겉면에 표시하는 라벨. 통곡물 시리얼 포장재와 전자가격표 둘 다 가격과 함께 뉴트리스코어 라벨이 표시되어 있다.
© The RedBurn

은 건강한 음식, 주황색은 조금 덜 건강한 음식, 빨간색은 전적으로 본인 책임이라는 뜻이다. 간단하고, 그래서 효과적이다. 산업계의 기준으로는 조금 과하다. 산업계는 수년 전부터 이 시스템의 도입을 강력히 반대하고 있다. 이 로고가 슈퍼마켓에 등장하기까지 6년이 걸렸으나 투쟁은 아직 끝나지 않았다. 세르주 에르크베르는 여전히 꿈을 버리지 않고 있다.

1980년대에 젊은 의사였던 세르주 에르크베르는 아프리카, 아시아, 라틴아메리카에서 인도주의적 지원 활동에 참여했다. 돌아온 후 그는 영양전문가의 길을 택했다. 사회적 불평등에 계속해서 맞서기 위한 그만의 방식이었다. 그는 국민건강영양프로그램에 초창기부터 참여했고, 계속된 로비에 맞서 왔으나 늘 성공했던 건 아니다. "날마다 5가지 과일과 채소를 cinq fruits et légumes par jour" 슬로건을 만든 이가 바로 그다.

그가 말한다.

"음식은 오늘날 우리 건강에 주요한 결정 요인입니다. 우리 식탁에 무엇이 올라왔느냐에 따라 주요 만성질환들의 발병 위험을 조절하고 예방하는 우리의 능력도 달라집니다."

"우리의 식단을 바꾸면 생명을 살릴 수도 있다는 뜻인가요?"

"예, 물론입니다. 더 나은 식습관을 통해 대략 30~35%의 암을 예방할 수 있습니다."

그는 샤퀴트리와 같은 특정 음식에 의해 유발되는 암이 있고, 또 특정 음식들을 통해 피할 수 있는 암이 있다고 말한다.

"과일과 채소 그리고 섬유질이 풍부한 통곡물 식품과 콩류를 섭취하는 것, 더 넓게는 식물성 음식을 선호하는 것으로도 우리는 몇몇 암을 예방할 수 있습니다. 우리가 암의 유전적 측면을 바꿀 수는 없습니다. 우리가 스스로 유전자를 선택할 수는 없지요. 우리의 할아버지, 할머니를 선택할 수는 없습니다. 우리의 조상을 선택할 수는 없습니다. 하지만 우리 식탁에 올리는 것 그리고 기업들이 우리에게 제공하는 것에는 힘을 발휘할 수 있습니다. 개인 차원에서든 정치적 차원에서든 말입니다."

해마다 전 세계 1,100만 명의 죽음을 막을 수 있는 '건강한 식단'

요한 록스트룀 박사가 공동의장을 맡고 있으며 37명의 유수한 학자들로 구성된 잇-랜싯 위원회가 계산을 해봤다. 더 건강한 먹거리는 매년 전 세계 1,100만 명의 죽음을 막을 수 있다. 숫자가 계속 머릿속에 맴돈다. 1,100만······. 잇-랜싯 위원회 덕분에 우리는 이제 과학적으로 건강한 먹거리가 어떤 것이어야 하는지 안다. 우리는 이 치료약, 해독제의 정확한 구성을 알고 있다. 요한 록스트뢰 박사가 말한다.

"바로 플렉시테리언flexitarian 식단입니다. 식사의 절반은 과일과 채소로, 나머지 절반은 통곡물과 콩류, 불포화 식물성 기름, 그리고 경우에 따라서는 적은 양의 동물성 단백질이 혼합된 것으로 구성되어야 합니다. 붉은 고기나 흰살 고기를 먹을 수도, 생선을 먹을 수도 있지만 섭취량을 상당히 줄여야 합니다.

이해를 돕기 위해 예를 들자면, 현재 유럽이나 북미 사람 한 명이 일주일에 평균적으로 섭취하는 붉은 고기는 700~800g입니다. 이를 약 100g까지 줄여야 합니다. 플렉시테리언 식단은 우리가 아는 한 당뇨, 뇌졸중, 암을 예방하는 최고의 식단입니다."

식단을 이렇게 바꾸기 위해서는 과일, 채소, 콩류, 견과류와 같은 건강한 재료의 소비를 두 배로 늘려야 한다. 동시에 육류와 첨가당 소비는 절반 이상 줄여야 한다. 영양역학자 세르주 에르크베르는 이를 위해 복잡한 기술적 과정을 거쳐 생산되는 초가공식품을 피해야 한다고 조언한다. 슈퍼마켓 진열대를 가득 채우는 이 초가공식품들은 대부분 과도하게 짜고 달며 기름지다.

요한 록스트룀 박사가 열띤 목소리로 말을 잇는다.

"놀라운 사실은 우리가 이 식단을 선택하는 것이 지구를 지키는 데에도 이바지한다는 사실입니다. 윈윈의 기회입니다."

학계가 만장일치로 동의하는 지중해식 식단

이 최적의 식단에 대한 학계의 의견은 확실히 일치한다. 사실 우리는 조금의 상식과 선견지명으로 수십 년 전부터 이 길로 들어설 수 있었다. 1970~80년대에 먹거리와 건강의 관계를 다루는 분야에 일대 변화가 있었다. 여러 연구가 건강에 특별히 이로운 한 식단의 존재를 밝힌 것이다. 바로 크레타섬 식단, 더 일반적으로는 지중해식 식단이다. 이 식단은 주로 식물성 식품, 대부분 과일과 채소로 이루어지며, 콩류, 통곡물, 조금의 생선과 극소량의 육류가 포함된다. 즉 지중해식 식단은 오늘날 학계가 만장일치로 동의하는 플렉시테리언 식단에 매우 가깝다.

이 식단은 몇 세기, 아니 몇천 년 동안 존재해왔다. 지중해

지중해식 음식

크레타섬 식단, 더 포괄적으로 말하자면 지중해식 식단은 주로 식물성 제품, 대부분 과일과 채소로 이루어지며, 콩류, 통곡물, 조금의 생선과 극소량의 육류가 포함된다. 지중해식 식단은 오늘날 학계가 만장일치로 동의하는 플렉시테리언 식단에 매우 가깝다.

사람들은 경험과 관찰에 근거하여 특정 식재료의 조합이 우리에게 필요한 영양분을 채워줄 수 있다는 것을 알아냈다. 예를 들어 그들은 단백질, 비타민, 무기질이 무엇인지 전혀 모르는 상태에서도 곡류와 콩류의 조합이 건강에 이롭다는 것을 알았다. 오늘날 우리는 그 이유를 안다. 곡류와 콩류를 각각 따로 섭취할 경우 단백질을 구성하는 요소인 아미노산이 결핍될 수 있다. 하지만 두 가지를 조합해 섭취하면 부족분이 서로 보완된다. 또한 지중해 사람들은 곡류와 콩류의 조합을 넘어, 이를 동시에 먹을 때 더 이롭다는 것 또한 알았다. 이후로 우리는 그것이 단백질의 흡수를 효과적으로 최적화한다는 것을 발견했다. 문제는 이 전통 식단이 세계화된 식단, 공업화된 식단, 농약에 의존하며 지나치게 기름지고 단 식단, 날것보다 가공된 식품을 선호하는 식단에 밀려 사라졌다는 것이다.

세르주 에르크베르가 말한다.

"오늘날 유럽에서 소아 비만이 가장 심각한 국가는 지중해권 국가들인 스페인, 그리스, 이탈리아입니다. 그들이 이 지중해식 식생활을 저버렸기 때문에 그렇게 된 거죠."

19

유기농

유기농 먹거리가 우리 건강에 좋다는
과학적인 근거가 존재하는가?

상식적으로 우리는 오래전부터 짐작하고 있었다. 화학비료를 끼얹은 땅, 화학 살충제와 살균제를 뿌린 땅에서 자란 작물을 먹는 것이 인간의 건강에 좋을 리 없다는 것을. 우리에게 양식을 주는 이 땅을 무슨 일이 있어도 지키려 하는 농부들에겐 너무도 값진 상식이다. 그렇다면, 유기농 먹거리가 우리 건강에 좋다는 과학적인 근거가 존재하는가?

과학에는, 특히나 산업계로부터 재정 지원을 받지 않는 과학에는 시간이 필요하다. 그럼에도 이미 증거들이 나오기 시작했다. 수많은 보고서가 같은 곳을 가리킨다.

10만 명 대상으로 연구한 유기농 식품과 질병의 관계

이와 관련한 역학 연구 중 가장 큰 규모의 연구가 프랑스에서 2009년에서 2016년에 걸쳐 진행됐다. 무려 10만 명 이상을 대상으로 실시됐다. 세르주 에르크베르가 이끈 연구다.

"우리 연구팀은 '영양 건강Nutrition Santé'이라는 제목의 연구를 진행했습니다. 자원자들을 대상으로 그들의 식습관과 더불어 그들이 구매한 식품의 출처를 물었죠. 유기농인가요, 아닌가요? 어떤 조건에서 이 식품들을 구매하셨습니까? 이런 식의 조사가 7년간 이어졌고 저희는 지금까지도 대상자들의 질병 발생 여부를 관찰하고 있습니다."

연구 결과는 분명하다. 주기적으로 유기농 음식을 먹는 이들은 암에 덜 걸린다. 더 정확히 말하자면, 유기농 음식을 주기적으로 먹은 사람들의 경우 어떤 암이든 간에 암 위험률이 25% 더 낮았다. 특히 폐경기 여성의 유방암 위험률이 34% 낮았고, 림프종은 무려 76%나 낮았다.

세르주 에르크베르가 말한다.

"이 연구는 극도로 엄격한 조건하에 진행되었으며 막대한 수의 요인들을 평가했습니다. 이 연구의 결과는 암 위험 감소와 유기농 식품 사이에 연관성이 있다고 간주할 수 있음을 보여주었습니다. 이 연구는 다른 연구들, 특히 농부들처럼 농약에 직접적으로 노출된 사람들을 대상으로 한 연구들에 확증이 되어줍니다. 다양한 연구들에서 동일한 종류의 암이 두드러졌다는 것을 우리는 확인할 수 있었고요. 세계적으로 이와 같은 결과를 나타내는 연구들이 아주 많습니다."

세르주 에르크베르는 이와 같은 연구들이 생물학적 타당성 biologic plausibility이라는 것을 갖출 정도로 충분히 다수라고 말한다. 비유기농 식품의 섭취와 암 발생 사이에 인과 관계가 있다는 결론을 향한 첫걸음이다.

유기농이 지닌 과학적 효과

이 연구에서 가장 설득력 있는 부분은 각 개인의 생활 방식, 사회 계층, 출신지역, 가족력 등 위험 요인이 될 수 있는 다양한 요소들을 고려하였으며, 그것이 결과를 뒤바꾸지 않았다는 사실이다. 즉 유기농 소비자들이 운동을 더 한다거나 흡연율

이 낮다거나 소득이 더 높은 계층에 속하기 때문에 암 발생률이 낮다고 할 이유가 없다는 것이다. 그렇다면 이 결과를 어떻게 설명할까? 연구진은 두 가지로 설명한다. 유기농 식품에서 화학농약 잔여물이 훨씬 덜 검출된다는 점, 그리고 같은 식품이라도 유기농일 때 카로티노이드, 폴리페놀 등의 항산화 물질과 비타민과 같은 미량영양소들의 함량이 더 높다는 점이다.

유기농의 또 다른 중대한 효과가 이 연구를 통해 밝혀졌다. 연구 결과, 유기농 식재료를 가장 많이 소비하는 사람들은 비만형 당뇨로도 불리는 제2형 당뇨병 발생 위험이 35%나 낮았다. 특히 여성들 사이의 차이가 현저했다. 프랑스·미국 공동 연구진이 진행한 이 연구 결과는 〈행동 영양학과 신체 활동 국제 저널International Journal of Behavioral Nutrition and Physical Activity〉에 게재되었다. 평균적으로 소비자가 자신의 식생활에서 유기농 식품 비중을 5% 높일 때마다 당뇨 위험률은 3% 낮아졌다. 연구진은 비유기농 식품에 다량 포함된 화학 농약 잔여물이 제2형 당뇨병 발생을 부추긴다는 설명이 가장 타당성 있다고 봤다.

세르주 에르크베르가 말한다.

"우리가 얻은 과학 지식은 공식 권고사항으로 발전되기에 충분합니다. 사람들이 유기농 식품, 특히 식물성 식품을 우선하여 소비하도록 이끌어야 합니다. 유기농이든 아니든 간에 기름지고, 너무 달고 짠 음식은 장려할 수 없습니다."

건강 불평등을 없애는 정책을 둘러싼 각축전

이제 우리는 어떤 것이 이로운지, 어떤 것이 사람들의 건강을 증진시키는지 안다. 정부가 사람들의 생명을 구할 수 있다. 정부가 나서서 기업들이 초가공식품이 아닌 유기농 식품을 시장에 내놓도록 압박한다면 말이다. 이미 이를 위한 갖가지 잘 알려진 방법들이 있다. 세르주 에르크베르가 수년 전부터 추진하고 있는 일이다. 그가 설명한다.

"제품 종류별로 초과해서는 안 되는 한계, 기준치를 정해 식품의 지방, 설탕, 소금 함량을 제한할 수 있습니다. 예를 들어 아침식사용 시리얼 가운데 일부는 지방과 설탕을 너무 많이 함유하고 있죠. 이것이 더 건강한 시리얼을 만들 수 있다는 증거입니다. 우리는 지방과 설탕의 최대 함량을 규칙으로 정할 수 있습니다. 또 영양상 부실한 식품이나 초가공식품의 소비를 조장하는 광고, 마케팅을 줄일 수도 있지요. 그리고 세금과 보조금을 이용해 영양적으로 저급한 식품에는 불이익을 주고,

영양적으로 우수하거나 유기농인 제품은 가격을 낮춰줄 수도 있습니다. 급식에서 유기농을 제공해 유기농에 대한 접근성을 높일 수도 있고요. 이러한 식으로 건강에 더 좋은 식품들을 더 저렴하게 소비자에게 제공할 수 있습니다."

세르주 에르크베르의 말을 들으니 이러한 방법들을 쓰지 않는 것이 얼마나 큰 잘못인지 이해할 수 있었다. 바로 부자와 가난한 사람 사이에 가장 큰 불평등인 건강 불평등을 지속시키는 일이니 말이다. 정부가 유기농 가격을 낮추기 위한 정책, 유기농의 효과를 시민들에게 알리기 위한 정책을 도입하지 않는 이상 유기농을 구매할 능력이 있고 이 문제에 관한 교육을 충분히 받은 사람들은 암, 당뇨, 심혈관 질환에 덜 걸릴 것이고, 가난한 이들은 계속해서 더 일찍 사망하고 더 병들어갈 것이다.

프랑스와 세계 각국의 전문가 위원회들이 이러한 정책들을 만장일치로 권장했으며, 세계보건기구 또한 마찬가지다. 세르주 에르크베르가 말한다.

"우리는 효과적인 정책이 무엇인지 이미 알고 있습니다. 하지만 그 정책을 시행하려면 많은 경우 갈등을 빚기 때문에 강한 정치적 의지가 필요합니다."

2000년대 초반 프랑스 국민건강영양프로그램이 수립될 때부터 구성 멤버였던 그는 많은 저항에 부딪혀왔다. 그는 그 저항을 파악하고 분석하게 됐다. 과장되고 단순하게 설명하는 것을 좋아하지 않는 신중한 그이지만, 이 주제와 관련한 경험에서 다음과 같은 명료한 결론을 얻었다.

"뉴트리스코어처럼 로고 하나로 음식 품질에 대한 투명성을 높이는 일은 자기들 식품이 적색으로 분류되었음을 내보이길 원치 않는 일부 기업들의 반발에 부딪칩니다. 또 건강에 해로운 식품의 광고에 세금을 부과하거나 아예 광고를 금지하는 것은 몇몇 기업들의 경제적 이해와 충돌하죠. 갈등을 빚습니다. 기업이 막대한 투자를 하면서 경제적 영향력을 행사하는 강력한 압력 단체들이 있습니다. 이 단체들은 직원을 많이 두고 있기 때문에 일자리에 위협을 받을 가능성이 있지요. 이는 집단의 이해를 대변한다는 명목하에 이러한 정책들을 막으려는 시도로 이어집니다. 전 국민의 건강에 이로운 효과가 밝혀져도, 발병 위험률과 사망률이 감소하는 것이 증명되어도 말입니다."

한편에는 경제 성장과 일자리가, 다른 한편에는 음식으로 생명을 구하는 사람들이 있다. 시민들의 건강이 경제적 이해와 충돌할 때, 그 대결은 절대 쉽지 않다. 하지만 경제계 로비 단체들에 그 대부분의 책임이 있다 해도 그게 전부는 아니다.

"우리 개개인에게도 책임이 있음을 알아야만 합니다."

세르주 에르크베르와의 인터뷰는 이렇게 시민들의 자각과 행동에 대한 촉구로 끝이 났다. 가을날의 한나절이 저물고 저녁이 찾아온다. 우리는 파리 18구 한 호텔의 꼭대기 층 레스토랑에서 공동묘지와 파리의 지붕들을 내려다본다. 파리시 전체가 거의 다 눈에 들어온다. 도시는 격정적이고도 분주하게 돌아간다. 수천 명의 사람들이 각자의 일에 열중해 급히 움직인다. 시간에 치여 쌓인 일을 해치우고, 만원버스를 향해 뛰어 아이돌보미를 집에 보내주고, 아이들 밥을 준비한다. 장을 보러 가는 길에 그나마 주어진 숨 고를 시간⋯⋯.

세르주 에르크베르는 수십만 명의 시민들이 함께 뉴트리스코어에 찬성하는 청원을 낸 것이 정치적 논쟁에 영향을 미쳤다는 점을 상기시켰다.

"시민들이 직접 규정을 손볼 수는 없습니다. 하지만 각자가 먹을 것을 고를 때 식품의 영양적 품질을 고려하고 정치인들을 향해 목소리를 내, 로비의 압력에 따른 것이 아닌 공공보건에 이로운 결정을 내릴 수 있도록 해야 합니다."

20

히포크라테스

"나는 내 사명을 이루기 위해 필요한 독립성을 지킬 것이다."
나는 이 맹세를 그대로 지키는 의사를 찾기로 마음먹었다.

동물을 먹는 것을 대폭 줄이는 것은 우리 아이들에게 살아 갈 만한 지구를 물려주기 위해 꼭 필요한 일일 뿐 아니라 우리 건강에도 이로운 길이다. 동물을 먹는 것을 완전히 그만두는 게 환경적인 관점에서는 훨씬 옳다. 이는 전 세계 육류 및 생선의 평균 소비량을 더 큰 폭으로 줄이는 데에 기여해 긍정적인 결과를 불러온다. 그 결과란 우리가 이미 다 알고 있는 것들이다. 집약적 목축이 줄고, 질산염과 메탄 배출이 줄고, GMO 품종 단일경작이 줄고, 화학비료와 농약의 생산과 사용이 줄고, 물과 대기 오염이 줄고, 수송이 줄고, CO_2 배출이 줄고, 지구온난화가 늦춰지고, 생물다양성은 더 풍요로워진다. 하지만 동물성 단백질을 완전히 끊는 것이 건강에 문제가 되지는 않을까? 이 질문에 대한 답이 지구를 보전하기 위한 우리의 투쟁에 아주 중요하다. 하지만 이에도 역시, 식품산업계의 로비가 너무나 강력해 진실이 수면 위로 드러나기란 쉽지 않다.

동물성 단백질 신화를 부추기는 광고들

장미셸 르세르 박사는 아주 유명한 영양학자다. 미디어에 자주 등장하는 그는 육류 소비 문제에 관한 발언을 곧잘 한다. 그의 이력은 인상적이다. 일반의로 7년, 자유직 내분비학자로 18년간 활동한 후 프랑스 릴 대학 부속 병원 고문을 지냈다. 1982년, 그는 릴에 파스퇴르연구소 영양학 부서를 세웠다. 그리고 지금까지 그 부서의 장을 맡고 있다. 얼핏 보면 진중하고, '육식가' 캐릭터와는 거리가 멀다. 2016년 발간된 그의 저서 《고기: 조금, 많이, 마음껏, 아니면 전혀?*La Viande : un peu, beaucoup, passionnément, ou pas du tout?*》에서 그는 그가 했던 수

많은 인터뷰에서처럼, 육류 소비를 줄이고 식물성 단백질 섭취를 늘릴 것을 권장했다. 그리고 2015년 르몽드에 실린 글에서 역시 다음과 같이 밝혔다.

"이상적인 것은 붉은 고기는 일주일에 2회, 달걀, 유제품, 생선 등을 포함한 동물성 제품은 하루에 한 번 먹는 것이다. 일주일에 하루는 채식을 하는 것 역시 좋은 안이다."

열려있는 듯한 입장이다. 교조적인 구석이 없어 보이고 고기 비중이 적은 식생활에 긍정적인 것 같다. 하지만 주의 깊게 읽어보면, 그가 말하는 버터, 우유, 요구르트, 치즈, 달걀 등의 동물성 제품을 포함하는 채식에 대해 잘 생각해보면, 이 영양학자는 매일 동물성 단백질을 먹으라고 권장하고 있다. 이 분야 기업들이 두려워할 것이 전혀 없다. 오히려 반대다. 명성 높은 의사가 프랑스 대표 신문에 건강을 위해 매일 동물성 단백질을 먹으라고 권장하고 있다. 인터넷 방송 프로그램 〈건강을 위한 자리Place à la santé〉와의 인터뷰에서 장미셸 르세르는 한층 더 노골적이다. 그는 사뭇 심각한 어조로 단언한다.

"고기를 먹지 않을 경우 큰 위험은 없습니다. 하지만 모든 동물성 제품을 배제하는 경우에는 뼈와 근육에 아주 심대한 위험이 있으며, 비타민 B12 결핍과 심각한 신경 심리적 장애 또한 따릅니다."

요약해보자. 고기를 먹지 않으면 잠재적으로 위험은 있지만 큰 위험은 아니다. 동물성 단백질을 전혀 먹지 않을 경우 위험성은 높아진다.

얼핏 보면 중도적인 듯 보이는 이러한 견해는 동물성 단백질을 우리 식생활에 필수 요소로 간주한다. 또 다른 것이 생각났다. 노트를 뒤져본다.

지난 조사 중 나는 웹사이트 la-viande.fr(고기.fr)에서 얼핏 분별 있는 육류 소비를 장려하는 듯 보이지만 무엇보다도 육류를 전혀 섭취하지 않으면 안 된다고 육류 섭취의 필요성을 강조하는 한 홍보책자 광고를 발견했다. 이름에서는 알 수 없지만, 이 홍보물을 게재한 사이트는 사실 육류 로비 단체인 프랑스 쇠고기 및 육류 산업협회가 운영하는 것이다. 이 사실을 알려면 몇 분 동안 꼼꼼히 찾아봐야 한다. 왜냐하면 페이지 하단에 보일 듯 말 듯 표시된 링크를 따라가야 접속 가능한 법적 고지 페이지에만 표기되어 있기 때문이다.

홍보책자 표지에는 샐러드, 쌀밥, 그리고 스테이크가 담긴 그릇이 그려져 있다. 제목은 《플렉시뉴트리션La flexinutrition》으로, "플렉시테리언 되기, 아무것도 놓치지 않는 법"이라는 부제를 달고 있다. 이 얼마나 천재적인 광고 문구인가! 육류 산업은 '플렉시테리언'이라는 용어가 대중에 자리 잡기 전에 그 의미를 뒤집어 그들의 용어로 만들었다. 이 신조어는 요한 록스트룀 박사의 설명처럼 원래 최소한의 고기 섭취를 지지하는 움직임을 뜻했으나, 육류 산업이 그 정의를 바꿔놓았다. 이제 플렉시테리언은 아무것도 잃지 않는 것이다! 물론, 고기를 말이다. 이런 것을 영어로는 스피닝spinning이라 부른다. 영어 동사 스핀spin은 '돌게 하다', 혹은 자동차와 관련해서는 '180도 회전하다'라는 뜻이다. 광고나 프로파간다에 쓰이는 이 기술은 한 정보에 다른 방향을 부여해 대중이 이를 인식하는 방식을 바꾸는 것이다. 플렉시테리언은 통상 '잘 먹는 것은 적게 먹는 것'이라는 슬로건으로 요약되지만, 앞서 이야기한 홍보물에서는 '고기를 사랑하는 것이 잘 먹는 것'이 돼버렸다. 이 운동에서 가장 중요한 측면인 소비를 줄이자는 메시지는 곁길로 흔적도 없이 사라졌다.

홍보책자에는 naturellement-flexitariens.fr(타고난 플렉시테리언.fr)이라는 사이트를 참조하라고 적혀있다. 이 사이트에도, 이것이 육류 로비 단체인 프랑스 쇠고기 및 육류 산업협회가 만든 사이트라는 언급은 오직 법적 고지 페이지에만 있다.

나는 사이트를 둘러보다가 장미셸 르세르와 한 인터뷰를 발견했다. 이 이름 높은 영양학자는 육식하는 사람들의 죄책감을 씻어준다. 그가 말한다.

"그건 범죄가 아닙니다."

그리고 덧붙이는 말.

"'덜'이 꼭 '잘'을 의미하지는 않습니다."

또 반복이다. 아무도 모르게, 스핀이 여기저기 끼어들어 있다. 머리가 핑 돈다.

그런데 이게 끝이 아니다. 이번에도 역시나 가장 흥미로운 사실은 정보 제공 사이트의 얼굴을 한 이 홈페이지의 법적 고지 란에 숨어있었다. 나는 다음과 같은 문구를 발견했다.

"어떠한 경우에도 쇠고기 및 육류 산업협회나 그 산하 단체들은 인터넷과 웹 서버상에 배포된 정보들을 갱신하거나 수정할 의무가 없다."

그 뒤로 이어지는 문구는 더욱 어처구니없다.

"이 웹사이트에 게시된 정보의 오류나 누락에 관하여 쇠고기 및 육류 산업협회에 그 책임의 소재를 물을 수 없다."

신문 기사나 속보가 이와 같은 경고문구로 끝나는 것을 상상해보라. 광고, 이 무자비한 세계······.

저명한 영양학자와 육류 산업 로비 단체의 조합

이 인터뷰를 할 때 장미셸 르세르는 이것이 육류 산업 홍보 업체를 위한 일이라는 사실을 알고 있었을까? 그에 관해 더 깊이 알아보던 중 나는 그와 육류 산업의 관계가 이 인터뷰 이상임을 알게 됐다.

그는 프랑스 국립낙농협의회 내부에 설치된 과학위원회의 멤버다. 국립낙농협의회는 스스로 '전 우유업체연합'이라 정의하는 단체다. 홈페이지에 올라있는 이 단체의 설립 목표는 '우유업을 위한 단체행동 주도'다. 간단히 말해 우유 제품 생산자들의 로비 조직인 것이다. 국립낙농협의회에서 작성한 이 의사의 상세한 이력에 따르면 그는 FICT 과학위원회의 위원장이기도 하다. FICT는 프랑스 샤퀴트리, 육류 조리 및 가공업자 연합Fédération française des industriels charcutiers, traiteurs et transformateurs de viande 이다. 연합의 공식적 사명은 '샤퀴트리, 염장식품, 조리업체들의 이익 증진과 보호'다. 이번엔 샤퀴트리 로비 조직인 것이다. 그러나 그가 지닌 이력의 절정은 프랑스 육류업자 및 돈육 유통업자 연맹인 퀼튀르 비앙드Culture Viande다. 단체의 2018년 총회에서 장미셸 르세르는 무대에 올라 고기를 변호했다. 오직 고기였다. 그는 "고기가 주는 함께 나누는 분위기"를 되찾아야 한다고 호소하며 "세상에 나쁜 고기는 없다"고 단언했다. 유감스럽게도 세계보건기구는 샤퀴트리를 발암 물질로, 붉은 육류를 발암 가능 물질로 분류했지만 말이다.

이 조합을 어떻게 설명해야 할까? 미디어에 연이어 출연하는 박사, 그리고 기업체들의 이익을 대변하는 것이 목적인 로비 조직들이라….

그에게 그와 육류 산업과의 관계에 대해 묻자 대번에 큰소리친다.

"저는 전문가입니다. 저는 저를 초대하는 기업들한테서 돈을 받아본 적이 없습니다. 맹세코 단 한 번도 없습니다. 백번 강조해 적으셔도 됩니다!"

그러고는 덧붙인다.

"이 일로 돈을 받는 건 제 회사, 파스퇴르연구소입니다. 그리고 저는 연구소에서 월급을 받는 것이고요."

"박사님, 정확히 정리해주시죠. 박사님께서 기업 인터넷 사이트들이 주도한 인터뷰를 하실 때나, 기업들 홍보책자에 박사님의 말이나 글이 인용될 때, 혹은 학회에서 그들을 옹호하는 발언을 하실 때, 기업들이 박사님에게 직접 돈을 지불하지는 않는다는 말씀이시죠? 돈은 파스퇴르연구소가 받고요."

그가 변호에 나선다.

"저는 말입니다, 매달 말 월급 한 번을 받습니다. 그 한 번이 전부입니다. 기업체들이 제게 '저희는 박사가 훌륭한 전문가라고 생각하기 때문에 박사께서 저희 과학위원회에 참여하시면 좋겠습니다.'라고 하면 저는 '제가 원하는 대로 말하고 제 시간이 보상받을 수만 있다면 좋습니다.'라고 답합니다."

"하지만 정확히 누가 돈을 받는 겁니까?"

"제 부서, 파스퇴르연구소의 저희 부서지요! 저희의 일이 바로 조언을 하고 전문지식을 키우고 교육하고 연구하는 것입니다."

"하지만 박사님이 퀼튀르 비앙드 총회에, 기업체들 이익을 대변하는 협회 홍보책자에 관여하실 때 박사님의 메시지가 그들이 원하는 방향으로 쓰일 거라는 생각은 안 해보셨습니까?"

"당연히 하죠, 맞아요, 당신 말이 맞습니다. 하지만 그들이 유능한 전문가들과 일하는 편이 낫지요."

"그들이 박사님 말을 이용해도 괜찮으십니까?"

박사는 결국 인정한다.

"늘 위험이 따르지요, 확실히요. 가능한 일입니다. 예, 알아요, 그게 문제입니다."

내가 말한다.

"뭔가 역설적인 면이 있네요. 박사님께서는 비교적 중도적인 분인데, 박사님의 말은 교묘하게 기업들, 박사님께서 하신 일에 보상을 하는 기업들을 위해 쓰입니다."

"예……. 뭐라 해야 할지 모르겠네요. 맞습니다. 제게는 제가 하는 말을 통제할 권리는 있지만, 그들이 하는 말을 통제할 권리는 없어요. 하지만 당신이 무슨 말을 하는지는 알겠습니다. 우리가 조금은 이용당하고 있죠, 사실입니다."

기업과 관계없는 영양학자 찾기란 하늘의 별 따기

여전히 이해되지 않는 구석이 있었다. 어떤 이유에서 의사가 자신이 상업적으로 이용될 위험을 기꺼이 짊어지게 되는 걸까? 이를 알기 위해 나는 새로운 질문을 던진다.

"수고할 만한 가치가 있는 일입니까? 기업에서 얻는 수입이 없어도 박사님의 부서가 유지될 수 있습니까?"

박사가 답한다.

"보세요. 파스퇴르연구소가 있고, 저희가 있는 것입니다. 저희가 파스퇴르연구소인 것은 아니에요. 파스퇴르연구소는 아주 다양한 연구 분야를 다루고 있고, 프랑스 정부, 유럽 등과 연구 계약을 맺지요. 저희, 다시 말해 제가 이끄는 영양학 부서는 100% 자력으로 운영됩니다. 저희가 제공하는 일련의 서비스들로 말입니다. 건강 진단, 교육, 학회 주관, 상품 개선을 위한 조언과 같은 기업 대상 자문 활동, 비중이 거의 없긴 하지만 제가 기업체들 연합의 과학위원회에 참여하는 것, 마지막으로 온천 개발이나 영양보조식품 사업 등을 하는 법인이나 민간 조직에게서 지원을 받는 연구 활동 등이 이에 해당합니다."

"박사님은 이런 활동이 파스퇴르연구소의 이미지를 해치지는 않을지 두렵지 않으십니까?"

"두렵죠, 해가 될 수 있죠. 하지만 전반적으로 저희는 신뢰를 받는 편입니다. 릴 파스퇴르연구소의 제 상관이, 여섯 분이나 그 자리를 지나셨네요, 제게 기업들과 일하는 것을 그만두라고 한 적은 단 한 번도 없습니다. 그리고 저는 저술 활동을 아주 활발히 합니다. 만약 제가 영양에 관해 어떻게 생각하는지 알고 싶다면 학술서를 읽으세요! 제가 저술한 것만 800개니까요."

나는 수차례 먹거리 관련 주제로 조사를 했고 매번 기업과 관계가 없는 영양학자를 찾는 데 어려움을 겪었다. 장미셸 르세르의 예가 보여주듯, 기업들은 영양학자를 곁에 둘 때 무엇을 얻을 수 있는지 잘 알고 있었다. 그렇게 기업들은 메시지를 흐리고 불확실성을 심는다.

　의대생들은 졸업할 때 동료들 앞에서 히포크라테스 선서를 낭독한다. 이 선서는 다음의 두 맹세를 담고 있다. "나는 이익을 갈망하거나 영광을 좇는 일에 휘둘리지 않을 것이다." 그리고 "나는 내 사명을 이루기 위해 필요한 독립성을 지킬 것이다."(프랑스 중앙의사회CNOM의 2012년 개정안) 의사로서의 직업생활을 좌우할 만한 강력한 행위규범을 담고 있는 선서다.
　동물성 단백질을 완전히 배제해도 건강에 위험이 없는가라는 질문에 대한 답을 구하기 위해, 나는 이 맹세를 그대로 지키는 의사를 찾기로 마음먹었다.

21

영양소

**"영양 법칙은 모두에게 같다. 단지 영양 공급원이
달라지는 것뿐이다. 각자가 다른 식품을 섭취하지만
결국 같은 필요를 같은 수준으로 채우는 것이다."**

제롬 베르나르펠레Jérôme Bernard-Pellet 박사는 이 주제에 관한
모든 학술서를 샅샅이 읽었다. 영양학 전문의인 그의 주 연구
주제는 베지텔리언végétalien식, 즉 동물성 단백질을 전혀 먹지
않는 완전 채식 식단이다. 그와 함께 파리 뷔트 쇼몽 공원의
산책길을 걷는다. 10월 말이다. 나무들은 가을 색을 입었으나
기온은 여전히 높다. 나는 곧 두 살 생일을 맞을 아들의 손을
잡았다.

드디어 기업과 이해관계가 없는 영양학자를 만나다

"혹시 얽혀 있는 이해관계가 있으신가요?"

박사가 차분하게 대답한다.

"아니오, 어떠한 이해관계도 없습니다. 농산물 산업과도, 의약 산업과도요."

"식물성 제품 산업이나 대체육 관련 산업과도요?"

"전혀 없습니다. 불행히도 이해관계는 예외적인 것이 아니라 기본이 돼버렸죠. 전문가 중에 시간 여유가 있고 미디어를 통해 소통하는 데에 의욕적이면서 이해관계에 얽히지 않은 사람을 찾기란 매우 어렵습니다. 그것이 논쟁을 완전히 기울게 하고요. 언론에 주기적으로 견해를 내놓으면서 심각한 이해관계에 얽혀 있지 않은 영양학자를 찾는 것은 하나의 도전거리입니다. 대형 언론을 통해 목소리를 내는 영양학자 대부분이 다논, 네슬레, 크래프트 푸즈, 코카콜라, 맥도날드와 함께 일을 합니다. 일부 영양학자들은 기업들과 5개, 10개, 15개의 서로 다른 계약을 맺기도 합니다. 가끔 말도 안 되는 발언을 하고요. 더 이상 과학이 아니라 명백한 상업입니다."

내가 조사해온 길을 재확인해주는 말이다. 하지만 나는 거듭 확인한다.

"왜 제가 다른 곳에서 인용되는 이들의 말보다 당신의 판단을 더 신뢰해야 하죠?"

"제 판단이 아니라, 프랑스 출판 심의위원회를 거쳐 학술지에 게재된 학술 논문들에 명확히 나와 있는 것들을 믿으셔야합니다. 제가 지어낸 것은 아무것도 없습니다. 저는 이 학술지들에 쓰여 있는 것을 쉬운 말로 바꿔 전달할 뿐입니다."

동물성 단백질이 전혀 없는 식단에 대한
학술지 논문들의 결론

제롬 베르나르펠레 박사에 따르면, 오늘날의 과학으로는 의심의 여지가 없다. 아무 위험 없이 식단에서 모든 동물성 식재료(고기, 생선, 유제품, 달걀 등)를 걷어낼 수 있다. 오히려 위험과 반대다. 박사가 기반을 둔 자료들 가운데에는 세계 최대의 식품 및 영양 전문가 단체인 미국 영양 및 식이요법학회Academy of Nutrition and Dietetics가 내놓은 연구들도 있다. 10만 명이 넘는 의사가 소속된 미국 영양 및 식이요법학회는 이 문제를 꾸준히 연구해왔다. 학회는 5년마다 학술서들을 면밀히 조사한 뒤 이 주제에 관한 공식 입장을 발표한다. 학회가 가장 최근 내린 결론은 다음과 같이 명료했다.

"잘 구성된 채식 혹은 완전 채식 식단은 영양적으로 알맞을 뿐 아니라 임신부, 영아, 아동, 청소년, 노인, 운동선수까지 전 연령대의 건강에 유익하다."

제롬 베르나르펠레 박사는 이 문제에 관한 의학계의 시각을 뒤집은 연구를 또 하나 소개했다. 2013년 미국 캘리포니아주 로마 린다 대학이 실시한 대규모 연구로, 연구진은 약 6년 동안 7만 명의 건강 상태를 꾸준히 관찰했다. 대상자들은 베지텔리언végétalien, 베지테리언végétarien, 잡식성omnivore으로 구분되었다(여기서 '베지텔리언'은 동물성 식품을 완전히 배제한 완전 채식 식단을 추구하는 사람들로 우리나라에서 흔히 쓰이는 '비건'과 비슷한 개념이고, '베지테리언'은 모든 채식인을 일컫는 용어로 고기를 제외한 일부 동물성 식품(생선, 유제품, 달걀 등)을 소비하는 사람들도 이에 속한다.-옮긴이). 연구진은 이들의 사망률을 비교했다.

연구 결과 베지텔리언이 가장 낮은 사망률을 보였다. 더 정확히는 '잡식성' 사람들보다 사망 위험이 베지테리언은 12%, 베지텔리언은 15% 낮았다. 미국 영양 및 식이요법학회가 밝힌 바처럼, 베지텔리언과 베지테리언 모두 특정 질병(허혈성 심혈관 질환, 제2형 당뇨, 고혈압, 몇 종류의 암, 비만)의 발병 위험이 낮았다.

제롬 베르나르펠레 박사가 설명한다.

"아셔야 할 것은 식단마다 장단점이 있다는 사실입니다. 완벽한 식단은 없습니다. 오늘날 주류가 된 서구식 식단에서는 육류가 아주 큰 비중을 차지하죠. 이러한 식단에는 비타민 C, 비타민 B9, 식이섬유가 부족합니다."

반면 미국 영양 및 식이요법학회에 따르면 베지텔리언과 베지테리언 식단은 포화지방은 적게 섭취하게 하고 채소, 과일, 통곡물, 콩, 말린 과일과 씨앗처럼 섬유소와 식물성 생리활성 물질이 풍부한 식재료를 많이 포함하기 때문에 총콜레스테롤 수치와 저밀도 리포 단백질('나쁜 콜레스테롤') 수치를 낮추고 혈당 조절에 도움이 된다. 학회는 "이러한 요인들이 만성질환 위험을 감소시킨다."고 결론 내렸다.

제롬 베르나르펠레 박사가 설명한다.

"채식인들은 많은 경우 자신이 먹는 것에 주의를 기울입니다. 이 문제에 매우 관심이 크죠. 전반적으로 그들의 생활 방식이 여러 유익한 효과들을 더하는 측면도 있습니다. 하지만 그런 효과들을 감안하더라도 채식이 갖는 이점이 여전히 있습니다. 즉, 고기를 소비하지 않는 것이 그저 단점이 없는 것만이 아니라 장점을 가지고 있다는 사실이 여러 연구를 통해 증명되고 있습니다."

박사가 이어 말한다.

"식물성 단백질에 기초한 식단이 건강에 더욱 유익하다 해도, 각각의 식단으로 취하기 어려운 영양소들이 있다는 사실을 알아야 합니다."

영양소는 우리 몸의 구성과 유지, 기능에 필요한 영양물질이다. 그리고 몇몇 영양소는 건강을 유지하는 데 꼭 필요하다. 이 필수 영양소가 부족할 경우 결핍 문제를 초래해 건강이 위험해질 수 있다. 건강한 식단은 우리에게 이 필수 영양소를 제공해야 한다.

제롬 베르나르펠레 박사가 말한다.

"각 식단에는 부족한 부분이 있습니다. 서구식의 고기 위주 식단과 마찬가지로, 동물성 식품을 전혀 포함하지 않는 완전 채식 역시 부족한 점이 있습니다."

부족한 것은 단백질이 아니다. 대안 요리 교육가 질 다보가 보여줬듯, 콩류와 곡류의 조합으로 단백질 필요량을 채울 수 있다. 여기에 오일시드(호두, 헤이즐넛, 아몬드, 잣, 대두, 아마씨, 유채씨, 해바라기씨 등)가 보태지면 효과는 더욱 커진다.

제롬 베르나르펠레 박사가 말한다.

"단백질 문제는 잘못 제기된 문젯거리입니다."

100% 식물성 식단의 약점과 보완책

우리는 공원을 계속 걸었다. 가벼운 바람이 낙엽을 쓸어간
다. 놀고 있는 아이들 앞을 지나면서 아이들의 요란한 소리를
덮으려 목청을 높여 물었다.

"분명히 해주시죠. 만약 제가 고기, 생선, 유제품을 포함한
모든 동물성 식품을 완전히 배제하면 어떤 결핍 문제가 생길
수 있습니까?"

박사가 답한다.

"베지텔리언 식단, 즉 100% 식물성 식단의 약점은 비타민
B12입니다. 완전 채식이 아닌 채식인에게는 해당하지 않는
문제입니다. 달걀과 유제품에 비타민 B12가 함유되어 있거든
요. 함유량이 적다 해도 보충제를 먹을 필요까지는 없습니다."

"만약 제가 동물성 식품을 완전히 배제한다면요?"

"그러면 비타민 B12를 보충제로 섭취해야 합니다. 비타민
B12를 식물 계통에서 찾기란 매우 어렵습니다. 이것이 실재

하는 유일한 결핍 문제입니다."(우리나라 식단의 경우 김치와 김 등에 B12가 유의미한 양으로 함유되어 있다는 연구 결과들이 있다.-옮긴이)

이런 이유에서 미국 영양 및 식이요법학회의 연구팀은 완전 채식을 비롯한 채식이 건강에 이롭다 해도, 완전 채식의 경우 강화식품이나 영양보조제와 같은 확실한 공급원의 형태로 비타민 B12를 섭취할 필요가 있음을 강조한다. 이는 임신부에게 특히 중요하다. 연구들에 따르면 임신부와 영아의 비타민 B12 부족은 태아와 신생아의 성장을 저해하고 신생아와 영아의 신경학적 상태에 손상을 입힐 수 있다.

제롬 베르나르펠레 박사가 설명한다.

"가장 전형적인 케이스가 비타민 B12를 섭취해야 한다는 사실을 모르는 채로 완전 채식을 하는 임신부가 모유 수유를 결정하고는 아기에게도 비타민 B12 보충제를 먹이지 않고 자신도 먹지 않는 경우입니다. 이 경우 비타민 B12 결핍은 심각해집니다. 따라서 딱 한 마디만 할 수 있다면, 완전 채식을 하는 임신부와 아기는 반드시 비타민 B12를 보충해줘야 하고 그러지 않을 경우 문제가 생길 수 있음을 아셔야 한다는 것입니다."

동물성 식품이 완전히 배제된 식단에는 또한 아연이 부족할 수 있다. 아연은 주로 육류, 청어, 달걀, 해산물에 포함되어 있으며 우리 신체에, 그중에도 특히 임신부에게 매우 중요한 영양소다. 그러나 비타민 B12와 달리 아연은 렌틸콩, 오일시드 등 일부 식물성 식품에도 들어있다.

제롬 베르나르펠레 박사가 말한다.

"오일시드는 완전 채식을 하는 이들에게 아주 좋은 아연 공급원입니다. 예를 들어 헤이즐넛과 참깨는 식물 계통에서 가장 풍부한 아연 함유량을 자랑합니다. 참깨를 곱게 간 페이스트인 타히니를 음식에 활용하는 것은 필요한 아연을 섭취할 수 있는 매우 훌륭한 방법입니다."

철분 수치 또한 완전 채식을 하는 사람들이 더 낮을 수 있다. 하지만 철분 역시 다양한 식물성 식품을 통해 섭취할 수 있다. 병아리콩, 대두, 참깨, 렌틸콩, 시금치, 퀴노아, 아몬드, 헤이즐넛 등을 자주 먹으면 결핍을 피할 수 있다. 제롬 베르나르펠레 박사에 따르면 철분은 채식의 강점이기도 하다.

"많은 사람들이 모르지만, 육류에 포함된 헴철heme iron은 식물성 식품에 포함된 비헴철non-heme iron과는 반대로 산화를 촉진하는 성질이 있어 결장 벽을 손상시킵니다. 그렇게 암 발병에 유리한 환경이 만들어지고요. 식물성 비헴철이 건강에 훨씬 이롭습니다."

　심각한 건강상의 위험에 처하지 않으려면 동물성 단백질을 배제해서는 안 된다고 주장하는 장미셸 르세르 박사와는 달리, 제롬 베르나르펠레 박사는 이 만남을 통해 이 사회를 뜨겁게 달구는 비거니즘(veganism, 동물을 착취해 생산되는 모든 제품과 서비스를 거부하는 철학-옮긴이) 문제를 새로운 시각으로 보게 해줬다. 이상적인 식단은 없다. 베지텔리언이건, 베지테리언이건, 잡식성이건, 영양 법칙은 모두에게 같다. 단지 영양 공급원이 달라지는 것뿐이다. 각자가 다른 식품을 섭취하지만 결국 같은 필요를 같은 수준으로 채우는 것이다.

　제롬 베르나르펠레 박사가 주장한다.

　"완전 채식을 건강에 위험한 것으로 봐서는 안 됩니다. 이러한 식생활에는 비타민 B12 '보충'에 주의해야 하는 등의 보완해야 할 약점이 따르지만, 이를 잘 알고만 있으면 완전 채식은 아주 할 만한 것입니다. 결핍 문제도 적고 건강도 향상시켜 줍니다."

우주비행사에게 이상적인 식단

박사가 자주 인용하는 이야기가 있다. 유럽우주청은 20년도 더 전부터 인류의 화성 이주라는 가정하에 우주비행사가 긴 우주여행 동안 어떻게 하면 스스로 먹을 것을 생산해낼 수 있을지 연구해왔다. 지구에서 보급품을 보내는 것은 비용이 너무 많이 드니 먹거리는 자체적으로 생산해야 할 것이기 때문이다. 연구 결과 유럽우주청은 이 여정을 위해 우주선에 몸을 싣는 우주비행사들은 완전 채식을 해야 한다는 결론에 다다랐다. 가축을 기르려면 자원이 너무 많이 필요하므로 해법은 온실 채소 재배라는 것이다.

과학자들은 우주비행사들에게 이상적인 식단을 제공하기 위해 재배해야 할 작물들을 정했다. 이에 따라 언젠가 화성에 쌀, 양파, 토마토, 대두, 감자, 상추, 시금치, 밀, 그리고 단백질·칼슘·비타민이 풍부한 해조류인 스피룰리나가 싹트게 될 수도 있다. 유럽우주청은 프랑스 요식업체들에 이 재료들을 가지고 미래의 화성인을 위한 100% 완전 채식 메뉴를 개발해줄 것을 의뢰했다. 이 엄청난 여행이 현실이 되는 날, 개척자들은 '대두로 만든 쌀 푸딩', '감자와 토마토로 만든 밀푀유', '초록

토마토 잼을 바른 화성식 빵'을 즐길지도 모른다.

아이들에게는 반드시 고기를 먹여야 한다?

우리는 벤치에 앉았다. 머리 위 밤나무 가지 사이로 햇살이
비친다. 아들은 바닥에 앉아 나무에서 떨어진 적갈색 열매를
가지고 놀고 있다. 바로 이 아이를 위해 나는 이 길고 긴 탐사
를 마음먹었다. 틀림없이 수많은 부모가 나와 같은 물음을 가
질 것이다. 오래전부터 그 답을 찾아온 질문이다.

"만약 제가 두 살배기 제 아이에게 고기 먹이기를 그만둔다
면 저는 무책임한 걸까요?"

박사가 주저 없이 대답한다.

"아이에게 고기 먹이기를 그만둔다고 해서 무책임한 부모는
절대로 아닙니다. 오히려 그 반대입니다. 강력한 사회적 압박
이 있지요. 정말 많은 사람들이 아이에게 고기를 먹이지 않으
면 안 된다고 확신하기 때문에 질타의 시선을 받기 쉽습니다.
하지만 과학의 측면에서만 보자면, 우리는 1989년부터 이미
고기를 먹지 않는 아이들의 성장이 완벽히 정상적이라는 사실
을 알았습니다. 테네시주의 팜^{the Farm} 공동체가 10년간 공동체

the Farm

내 400명 이상의 아이들을 대상으로 연구한 결과입니다. 하지만 영아가 먹는 것에 있어서는 매우 주의를 기울여야 합니다. 생후 5개월까지는 신생아용 분유나 모유 수유가 필수입니다. 그리고 아기가 다양한 음식을 먹기 시작할 때부터는 채식 식단을 따르셔도 좋습니다."

또한 박사는 어른으로서 채식하는 아이들에게 필요한 영양분을 모두 섭취하도록 챙겨주어야 한다고 말한다. 예를 들어 채소와 과일 외에 콩류와 통곡물도 먹여야 한다는 것이다.

박사가 설명한다.

"많은 소아과 의사, 일반의들이, 심지어 영양학자까지도 아이가 정상적으로 성장하기 위해서는 반드시 고기를 먹어야 한다고 생각합니다. 이건 믿음이지 과학적으로 증명된 사실이 아닙니다. 채식을 하는 아이들은 소수이고, 많은 경우 낯선 것은 두려움을 낳습니다."

아주 적은 수의 의사들만이 채식에 대한 교육을 받는다. 박사는 그렇기에 이 문제에 관한 지식이 충분치 않은 건강 관련 전문가들이 자신들에게 낯선, 그래서 위험해 보이는 식생활을 만류하는 것이 어쩌면 당연하다고 본다.

"저는 고기를 먹는데도 살이 찌지 않는 아이들을 자주 진찰

합니다. 영양에 결핍된 부분이 있어서 그렇습니다. 따라서 아이가 채식을 하건 하지 않건, 주기적으로 의사의 진찰을 받아 키와 몸무게를 재고 잘 성장하고 있는지 확인해, 당신이 잘하고 있는 것인지 방침을 바꿔야 하는 것인지를 알아야 합니다."

그러나 박사가 다시 한 번 환기하는 점이 있다. 만약 아이가 100% 식물성 식품만 먹는다면 반드시 비타민 B12를 보충해주어야 한다는 것. 그가 말한다.

"그것만 지킨다면 위험은 없습니다."

날이 저문다. 집으로 돌아가 아들 저녁식사를 준비할 시간이다. 박사와의 만남으로 나는 우리의 먹거리에 대해 한층 더 깊이 알게 되었고, 지구와 우리의 건강을 위해 더 나은 식단을 따르게 될 것이라는 예감이 들었다. 그럼에도 묘한 감정이 남았다. 마음 한구석에 과학적으로 증명된 사실들에 저항하는 무언가가 있었다. 공원을 나와 박사와 헤어지기 전, 나는 이러한 감정을 박사에게 털어놓았다.

"참 징글맞죠? 박사께서 말씀해주신 그 모든 것을 듣고도 저는 이 아이에게 고기 먹이는 것을 그만두기 어려울 것 같아요. 불안함이 계속 남을 겁니다."

제롬 베르나르펠레 박사가 인터뷰 내내 이어졌던 그 침착하고 단호한 어조로 내게 말한다.

"당연합니다. 터부를 건드리는 셈이니까요. 아이들에게 꼭 고기를 먹여야 한다고 믿는 사람들이 정말 많습니다. 우리에겐 아이들을 보호하려는 강한 본능이 있어서 아이들에게 관습적이지 않은 먹거리를 주고 싶은 마음이 흔쾌히 들지 않는 거죠."

그러고는 덧붙인다.

"저는 아이들의 채식에 관한 프랑스인들의 태도를 가까운 외국에서는 우스워할 거라고 생각합니다. 미국, 영국, 스웨덴, 캐나다, 독일에서 아이가 채식을 하는 것은 흔한 일이에요. 완전 채식이든 느슨한 채식이든 채식하는 아이들이 손가락질당하는 일은 결코 없습니다. 그 나라들의 태도는 프랑스와는 정반대입니다. 프랑스는 40년가량 뒤처져 있어요."

22

미식

**점점 더 많은 유명 셰프들이 음식의 환경적, 사회적,
사회 구조적 측면을 고려하는 요리를 전면에 내세우며
새로운 요리 서사를 써 내려가고 있다.**

유명 셰프들의 주방은 하나의 성채와 같다. 나는 내부 사정이 잘 노출되지 않는 직업군을 대상으로 수없이 취재를 했다. 은행, 대형 감사 기관, IT 대기업 등……. 그리고 나는 미슐랭 별을 단 고급 레스토랑의 셰프, 그리고 그 레스토랑들의 홍보 부서 또한 그와 같은 정도로 말과 사진, 글을 통제한다는 사실을 알게 됐다. 그들과 만나려는 시도는 무모한 짓이었다. 하지만 나는 내 운을 시험해보기로 마음먹었다. 고급 미식계에서 일고 있는 변화를 알고 싶어서다. 본보기는 대체로 위에서 내

려오는 법. 그렇다면 고급 레스토랑 주방 안에서 우리 먹거리의 미래가 그려지고 있을까?

사회 참여와 환경 친화적 요리의 선구자, 알랭 뒤카스

최근 몇 년 전부터 점점 더 많은 유명 셰프들이 사회 참여적이고 환경 친화적인, 고기 비중을 상당 수준 줄인 요리 쪽으로 방향을 틀고 있다. 알랭 뒤카스 셰프는 이 분야의 선구자다. 몇 주 동안 연락을 주고받은 끝에 그의 레스토랑 홍보 부서가 내게 레스토랑 문을 열어줬다. 프랑스 파리, 화려한 몽테뉴 거리에 있는 플라자 아테네 호텔, 그 안에 알랭 뒤카스 셰프의 레스토랑이 있다. 나에게 한 시간의 인터뷰 시간이 주어졌다.

알랭 뒤카스는 모나코와 런던에도 본인의 레스토랑을 가지고 있으며 이 두 레스토랑은 미슐랭 가이드의 가장 높은 평가 등급인 별 세 개를 받았다. 본인 소유의 호텔 외식업 그룹과 요리학교를 운영하는 그는 세계에서 가장 영향력 있는 셰프 가운데 한 명으로 꼽힌다. 이 셰프는 끊임없이 새로운 영감을 찾아 나선다. 세계 곳곳에 사무실을 두고 새로운 맛과 재능 있는 셰프들을 꾸준히 탐색한다. 그리고 파리를 대표하는 이 레스토랑을 채소가 주인공이 되는 고급 요리의 실험실로 변신시켰다.

인터뷰 당일 아침, 미디어 담당자 두 명이 나를 맞아준다. 그들을 따라 구불구불한 통로를 지나 플라자 아테네 호텔의 지하로 들어간다. 알랭 뒤카스에게 이 레스토랑의 지휘를 위임받은 셰프 로맹 메데Romain Meder의 사단이 점심 준비로 분주하다. 오케스트라 연주와 닮은 무언가가 펼쳐진다. 각자 자기 파트가 있다. 악기는 조리 기구들이고, 음악은 맛있는 향이다.

이날 알랭 뒤카스는 자신의 지휘하에 로맹 메데가 만든 다음 시즌 메뉴들을 시식하러 왔다. 메뉴들은 절대 기밀이다. 촬영은 허용되지 않았다. 고기가 전혀 들어가지 않았음에도 곧 수백만 유로를 벌어들일 요리들이다.

알랭 뒤카스가 말한다.

"고기, 가금류에 중점을 두지 않고도 최고급 요리를 만들 수 있다는 것을 보여주고자 이 레스토랑을 구상했습니다. 저희는 고급 포므롤 와인을 곁들여 먹을 만한 100% 채식 요리를 만듭니다. 많은 공이 들어가는 작업입니다. 이 수준의 우아한 맛을 내기 위해서는 재료에도 더더욱 주의를 기울여야 하죠. 하

지만 가능한 일입니다. 저희는 이를 최고급 레스토랑에서 증명해 보였고요. 모두가 주목하는, 요식업계의 오트쿠튀르에서 말입니다. 저는 이것이 거리로까지 내려가 퍼지길 바랍니다."

요리를 통해 전하고 싶은 메시지는 '의식적으로 먹자'는 것

반세기 전, 알랭 뒤카스는 열몇 살 먹은 어린 소년이었다. 그는 할머니와 함께 살았다. 6월이 되면 할머니는 손자에게 점심이 다가올 즈음 늘 물었다.

"오늘은 뭘 먹을까?"

그리고 두 사람은 정원으로 나갔다. 소년은 이파리들을 들추고 가지를 벌려 잘 익은 채소들을 따냈다. 둘은 그날 수확한 것을 함께 요리해 먹었다. 오직 일요일에만 정육점에 갔다. 그의 가족은 소, 송아지, 가금류를 길렀지만, 그날 정육점에서 사온 고기 한 덩어리가 그들이 일주일 동안 먹는 고기의 전부였다. 음식에 대한 이런 접근 방식이 어린 시절부터 알랭 뒤카스에게 배어 있었다.

그가 이야기한다.

"제가 어릴 적 자라면서 보고 들은 바로 그 방식으로 돌아가는 겁니다. 제가 좋아하는 소비 방식으로요. 아주 건강한 방식이기도 하죠! 인류 역사상 고기가 우리의 먹거리에서 이 정도 자리를 차지하게 된 것은 겨우 50년 전부터입니다."

요리는 하나의 예술이다. 알랭 뒤카스는 자신의 요리를 통해 메시지를 전달하고자 한다. 그 메시지는 바로 의식적으로 먹자는 것이다. 즉 접시에 담긴 것이 무엇인지, 어디서 온 것이고 어떻게 재배되어 수확되었는지 '알자'는 말이다. 그의 이야기를 들으며 나는 이 분야에서 역시 아는 것이 얼마나 큰 힘이 되는지 깨달았다.

그가 말한다.

"이것은 세상을 바꾸기 위한 정치적 행동입니다. 우리가 다 함께 투표보다 더 강력한 결정을 내려야 합니다. 셔츠에 떨어진 올리브유 한 방울이 조금씩 퍼져 결국 지워지지 않는 큰 얼룩을 만드는 것처럼, 우리의 작은 결정들이 모이면 커다란 효과를 거둘 것입니다. 이 지구에 사는 개개인의 의식 전환이 정치권력보다 강력하므로, 세상은 변할 것입니다."

유명 셰프들의 새로운 요리 서사

알랭 뒤카스를 선두로 점점 더 많은 유명 셰프들이 음식의 질과 함께 음식의 환경적, 사회적, 사회 구조적 측면을 고려하는 요리를 전면에 내세우며 새로운 요리 서사를 써 내려가고 있다. 동물성 식재료는 더 이상 맛을 내는 주원료가 아니다. 식물성 재료의 다채로운 맛이 점점 더 많이 개발되어 부각되고 있다.

알랭 뒤카스가 설명한다.

"고급 요리에서 채소는 가니시(곁들임 요리)였습니다, 곡물도 그렇고요. 생선이나 육류 같은 동물성 단백질로 구성된 주 요리에 곁들여 나왔죠. 동물성 단백질이 80%, 그리고 식물성 단

자연을 존중하면서도 기대를 충족시키는 요리
알랭 뒤카스가 운영하는 파리 플라자 아테네 호텔 레스토랑의 요리 팀은 중동과 인도 등 세계 각
지에서 태곳적부터 전해온 채소 요리 등에서 영감을 받아 요리법을 만들어냈다.

백질이 20%를 차지했습니다. 지금은 그 반대입니다. 동물성
이 20%, 식물성이 80%죠. 이 비율로 자연을 존중하면서도 고
객이 식당을 찾을 때 갖는 기대를 완벽히 충족시킬 만한 요리
를 만들 수 있습니다."

우리 뒤로 조리대들 사이에 선 로맹 메데가 팀에 지시를 내
린다. 알랭 뒤카스가 이들이 하는 일을 설명한다.

"저희는 땅 아래에서 자라는 것과 땅 위로 자라는 것 모두를
이용합니다. 다시 말해 뿌리와 초록색을 띤 것 전부를 활용하
죠. 예를 들어 아티초크의 잎에서 쓴맛을 얻는 식으로 모든 걸

세세히 분석하여 활용합니다. 맛의 특성을 살려내 신맛, 쓴맛, 톡 쏘는 맛 등 다양한 맛이 요리에 살아있도록 하는 거지요."

셰프와 그의 팀은 세계 각지에서 그러모은 노하우들에서 영감을 받아 이러한 요리법들을 만들어냈다. 6년 전 로맹 메데는 중동에 머물렀다. 일 년 반 동안 그는 중동 지역과 인도 등지를 여행하며 다양한, 때론 태곳적부터 전해내려 온 채소 요리법을 경험했다.

"저와 함께 유럽으로 가시겠습니까?"

알랭 뒤카스는 요리에 관한 그의 시각을 완전히 뒤바꿔 놓은 한 사람을 일본 교토에서 만났다. 한 친구가 그에게 꼭 거기 가서 먹어봐야 한다며 어느 사찰 가까이에 있는 조그마한 식당을 알려줬다. 이 거장 셰프는 그렇게 그곳을 찾아가 한 허름한 건물로 들어섰다. 테이블은 딱 하나. 네 사람이 앉을 수 있는 식탁이었다. 식당을 운영하는 이는 일본 승려들의 전통 채식 요리인 쇼진요리 전문가였다. 알랭 뒤카스가 그의 마지막 손님이었다. 식당 운영으로 더 이상 생계를 유지할 수 없었던 그는 그날 저녁 가게를 닫으려던 참이었다. 알랭 뒤카스는 자리에 앉아 식사를 했다. 그리고 식사를 마치자마자 일어나 요리사에게 다가갔다.

"맛있네요. 제가 당신을 어떻게 불러야 할까요?"

"타나하시 상."

"그렇군요, 타나하시 상, 저와 함께 유럽으로 가시겠습니까?"

셰프 타나하시는 제안을 받아들여 파리행 비행기에 올랐다. 몇 달에 걸쳐 그는 알랭 뒤카스와 로맹 메데에게 그의 요리 비법을 전수했다. 쇼진요리는 13세기 중국 선종 승려들에 의해 일본에 전해져 발전한 요리다. 이 요리는 '살생하지 말라'는 불교의 계율에 바탕을 둔다. 그렇기에 이 요리에서는 육류도 생선도 찾아볼 수 없다. 또한 쇼진요리는 자연과 조화롭게 살기를 추구하기 때문에 계절을 존중하고 절대적으로 낭비를 피하는 것이 강조된다. 이에 따라 순무의 이파리, 당근 껍질, 채소 줄기까지도 활용해 국물을 내는 등의 요리법이 있다. 타나하시 셰프는 단순히 레시피를 알려주는 것이 아니라, 채소와 곡물 하나하나가 지닌 잠재력을 최대한 끌어내는 방법을 가르쳤다. 그리고 알랭 뒤카스는 그 가르침에서 큰 깨달음을 얻었다. 바로 모든 게 가능하다는 것이다. 그의 말을 그대로 옮기자면,

이 깨달음은 그의 영혼을 '잠금 해제'했다.

"채소가 주는 다채로운 맛을 느끼기 위해서는 열린 자세를 갖춰야 합니다. 그 맛은 동물성 재료에서 나올 수 있는 맛을 훨씬 능가합니다."

고기 없이도 최고급 요리가 가능하다

알랭 뒤카스는 백지에서, 거의 그즈음에서 다시 시작하기로 했다. 플라자 아테네에 있는 그의 레스토랑은 고기 없이도 최고급 요리를 만들 수 있다는 것을 보여주기 위한 실험실이다. 그는 이 인터뷰 이전에 프랑스 미식 잡지 〈180°C〉에 이와 관련한 이야기를 풀어놨다.

"저는 2013년부터 동물성 단백질을 줄이고 희소한 지구 자원에 주의를 기울이는 지속 가능한 고급 요리를 만들겠다고 했지만, 장담컨대 당시에 저를 지지해주는 사람은 단 한 명도 없었습니다. 하지만 저는 밀어붙였지요. 겁먹으면 안 됩니다. 결국엔 남들이 자신을 따라오게 될 거라는 확신이 있어야 해요. 이 모험에서 제 마음에 드는 부분은 바로 급진성입니다. 한다면 하는 겁니다. 저는 로맹에게 최대한 멀리 가라고 밀어줬습니다!"

나는 권력을 가진 정치인이 환경 문제에 대해 이렇게 말해
줬으면 한다.

하지만 이 거장 셰프가 중시하는 것이 오직 환경뿐인 것은
아니다. 사람들의 건강, 설탕·소금·지방을 줄이고자 하는 노
력 또한 그가 주안점으로 두는 바다.

알랭 뒤카스가 말한다.

"우리는 다르게 소비할 수 있습니다. 눈을 열어 세상을 봐야
합니다, 다른 식문화들을 봐야 합니다. 기꺼이 호기심을 갖고
영향받기 쉬운 사람이 되어야 합니다. 이것은 중요한 교훈입
니다."

알랭 뒤카스가 그의 탐험 욕구, 발견 욕구를 채우는 대상은
다른 무엇보다도 비건과 보보(bobos, 부르주아(bourgeois)와 보헤미안
(bohémien)의 합성어로, 경제적·문화적 풍요로움을 누리는 신新상류계층을 일컫
는다.-옮긴이)의 먹거리로 희화화되곤 하는, 바로 씨앗이다.

알랭 뒤카스가 설명한다.

"저는 곡물에서 다양한 맛을 찾아내기를 즐깁니다. 예를 들
어 저는 메밀을 좋아하죠. 이 레스토랑에서 저희는 저렴한 것

에서부터 호화스러운 것에 이르기까지 온갖 종류의 곡물을 사용합니다. 가장 잘 알려져 있고 또 훌륭한 스타 곡물은 바로 퀴노아입니다. 퀴노아는 남미 작물이지만 프랑스에서도, 어느 위도상에서도 재배될 수 있습니다. 씨앗들이 여기저기 돌아다니게 두세요. 그렇게 지구는 더 건강해질 겁니다. 그리고 대형 곡물 산업체들의 로비, 그들의 선택과 강압에서 벗어나야 합니다. 그래야만 씨앗, 곡물이 주는 다채로운 맛에 다가갈 수 있습니다."

"다르게 먹는다는 건 하나의 선택입니다"

이 최고급 요리계의 혁명은 이미 고급 레스토랑들에 영향을 미치고 있으며, 미래엔 대중식당들에까지 변화를 불러올 수 있을 것이다. 인간은 많은 경우 이렇게 진화해간다. 새로운 이야기가 퍼져나가면서 믿음의 체계가 바뀌는 것이다.

내 아들은 라따뚜이를 입에 대기조차 싫어했다. 픽사 스튜디오의 애니메이션 〈라따뚜이〉를 보기 전까지는 말이다. 영화를 본 그 순간부터 아들은 이 지중해 요리를 전혀 다른 눈으로 보기 시작했다. 아들은 라따뚜이를 먹겠다고 졸랐다. 아들의 머릿속에서 라따뚜이는 이제 어떤 다른 서사에 속하는 음식이 된 것이다. 라따뚜이는 더 이상 호박과 가지가 들어간 고리타분한 어른들의 요리가 아니라, 매력적인 작은 시골 쥐가 파리의 위대한 셰프가 되도록 만들어준 요리였다.

알랭 뒤카스가 밀려오는 파도의 움직임을 팔로 그리며 말한다.

"이제는 이것이 더 많은 대중 곁으로 다가서야 합니다. 인식의 전환이 급식을 먹는 아이들의 학부모 단체에까지 닿아야 합니다."

그러고는 인터뷰를 마치기 전 마지막으로 한마디를 던진다.

"다르게 먹는다는 건 하나의 선택입니다. 어느 날 아침, 일어나면서 '다르게 먹으려고 노력해야지.'라고 스스로 말해야 해요. 나중에 보세요, 효과가 있을 겁니다."

오늘날 우리 먹거리의 영향력은 너무도 지대하다. 먹거리를 대할 때 경제를 돌게 하는 상품이라고만 볼 수는 없다. 먹거리는 세상을 주무른다. 지구는 다시 회복될 것이다. 하지만 인류는? 좀 더 가까이 보자면, 우리 아이들의 앞날엔 어떤 결과가 벌어질까? 알랭 뒤카스의 말이 옳다.

'겁을 내면 안 된다. 한다면 하는 거다.'

이제 우리에겐 우리 그릇에 무엇을 담는 게 좋을지 알아야
할 의무가 있다.

23

아는 것

포장만 보고서는 알 수가 없다. 햄 포장지에 '100% 화학비료와 농약으로
재배된 사료를 먹고 자란 돼지'라든가, '최대 수명 6개월로 제한된 돼지'라는
문구가 적힌 경우는 절대 찾을 수 없을 것이다.

우리의 식생활을 크게 좌우하는 것이 바로 정보전이다. 먹
거리 구매에 변화가 생기려면 누구나 먹거리가 어디서 왔는
지, 어떤 방식으로 생산되었는지, 실제로 어떤 것을 포함하고
있는지 알 수 있어야 한다. 뉴트리스코어 로고의 경우는 이것
이 얼마나 어려운 일인지 보여준다. 이미 확인했듯 먹거리 분
야에서 공공의 이익은 경제적 이익과 맞서게 되면 그 중요성
이 거의 인정되지 않는다.

소비자의 90%가 찬성하는데도…

2014년부터 세르주 에르크베르는 소비자들이 식품을 구매할 때 식품의 품질을 쉽게 확인할 수 있게 해주는 이 심플한 로고를 의무화하기 위해 로비에 맞서 투쟁해오고 있다. 그는 중소기업 몇 군데를 설득해 로고를 채택하게 하는 쾌거를 이루기도 했다. 하지만 6년이 지난 지금, 이 라벨은 여전히 의무화되지 못한 상태다. 소비자의 90%가 찬성하는데도 말이다.

정보가 드러나지 않도록 하기 위해 기업들은 한 가지 확실한 전략을 택했다. 라벨을 전면적으로 거부하는 것은 환영받지 못할 것이 뻔했다. 그래서 기업들은 각자 다른 기준으로 자기만의 라벨을 스스로 만들기로 했다. 즉 자신들에게 유리한 정보만 내세울 수 있도록 한 것이다. 더 이상 소비자를 위한 정보가 아니라 마케팅이었다. 그럼에도 객관적이고 단순하며 보편적인 라벨링 시스템이 제대로 작동함을 증명하는 사례가 있다. 유럽연합이 달걀에 산란계의 사육환경 표기를 의무화한 것이 그 한 예다.

자의적인 사육환경 표기 라벨의 허점

국제 농장동물 보호단체^{CIWF, Compassion in World Farming}는 수년 전부터 동물의 사육환경을 표기하는 분명하고도 보편적인 라벨링 시스템을 만들기 위해 싸워왔다. 프랑스에 본부를 둔 국제 농장동물 보호단체의 대표인 레오폴딘 샤르보노가 슈퍼마켓에서 만나 그들이 하는 일에 대해 알려주기로 했다. 우리는 함께 신선 코너를 둘러본다. 그녀는 라벨의 종류가 얼마나 많은지 확인시켜준다. '잘 길러짐^{Bien élevé}', '나는 햄이 좋아요^{J'aime le Jambon}', '지역 상품^{Produit du terroir}', 프랑스 삼색기를 연상시키는 '파란색, 흰색, 하트^{Bleu, blanc, cœur}', '특별 관리 제품군(Filière préférence, 프랑스 육류 가공업체 헤르타에서 자체 도입한 동물복지 인증 마크-옮긴이)', '생산자와 사회 참여^{Eleveur et engagé}', '프랑스 가금류^{Volaille de France}', '라벨 루즈(Label Rouge, 프랑스 정부의 공식 품질인증 마크-옮긴이)'……. 수많은 복잡한 로고들에 현기증이 날 정도다.

레오폴딘 샤르보노가 말한다.

"이렇게 제각각의 문구들이 넘쳐나기 때문에 소비자들은 갈피를 잡기가 어렵습니다."

이와 마찬가지로 프랑스 가공식품 그룹 플뢰리 미숑^{Fleury}

Michon의 '사회 참여 사육자들의 프랑스 생산제품Filière française d'éleveurs engagés' 라벨은 마치 그 사육자들이 환경과 동물복지 문제에 참여한다는 느낌을 준다. 구매자는 행동에 나선다는 기분, 자신 역시 '사회에 참여'하는 듯한 기분, '책임 있는' 구매를 한다는 기분에 경쟁 브랜드보다 이 라벨이 붙은 상품을 선택할 수 있다. 하지만 플뢰리 미숑 홈페이지에 올라 있는 라벨에 관한 설명을 자세히 읽어보면, 이 라벨은 사실 주류 집약적 축산 시스템과 거의 같은 샤퀴트리 생산라인을 의미한다는 사실을 알 수 있다. 이 제품군을 위해 일하는 사육자들은 2017년 기준 매출 62억 유로 규모의 프랑스 식품 대기업 그룹인 아브릴 소속이다. 이들은 돼지에게 아브릴이 생산한 100% 프랑스산 곡물을 먹이로 주기는 한다. 먼 타국에서 곡물을 운송해오지 않는다는 면에서는 환경적으로 낫다. 하지만 이 곡물들은 화학물질을 사용해 재배되므로 건강에도, 토양에도, 생물다양성에도, 기후에도 좋지 않다. 농약과 화학비료의 생산과 사용은 대량의 온실가스 배출을 일으킨다. 한편 이 생산라인에 사용되는 가축들의 경우 특정 '복지' 혜택(플뢰리 미숑 홈페이지의 설명에 따르면 자연광과 사육장 내에서의 놀이)을 받지만, 여전히 폐쇄된 건물의 좁은 생활공간 안에서 길러진다. 암퇘지들은 몇 주에 걸친 임신, 출산, 수유 기간 내내 철책 안에 부동자세로 갇혀 지낸다. 동물들의 사료로 프랑스산 곡물을 사용하려는 노력에 더 중점을 둘 수도 있지만, 이는 단 50명의 사육자에게만 해당하는 이야기다. 과연 이것을 사회 참여라고 말할 수 있을까? 이 라벨을 선택하는 것이 시민다운 행동을 하는 것이고 동물복지와 기후와 환경을 위해 '참여하는' 것이라 할 수 있을까?

이러한 정보들을 소비자들이 포장만 보고서는 알 수가 없다. 햄 포장지에 '100% 화학비료와 농약으로 재배된 사료를 먹고 자란 돼지'라든가, '실외로 나갈 가능성을 완전히 배제하여 폐쇄된 공간에서 사육됨' 혹은 '최대 수명 6개월로 제한된 돼지'라는 문구가 적힌 경우는 절대 찾을 수 없을 것이다. 실제로 이러한 정보들이 상품에 드러나 있다면 당신은 이 상품들을 다시는 구매하지 않을 것이다.

통일된 사육환경 표기법 마련이 필요

국제 농장동물 보호단체는 불투명한 동물복지 정보에 종지부를 찍고자 한다. 레오폴딘 샤르보노가 말한다.

"모든 브랜드에 통일된 사육환경 표기법을 만드는 것이 중요하다고 생각합니다. 이를 통해 소비자는 동물이 실외로 나갈 수 있었는지, 폐쇄된 건물 안에서 자랐어도 바닥에 짚이 깔려 있었는지, 아니면 집약적인 환경에서 여유 공간이라고는 거의 없이 사육되었는지를 한눈에 알 수 있게 될 것입니다."

사육 방식에 관한 표기를 의무화한 사례가 딱 하나 있다. 레오폴딘 샤르보노는 달걀 판매대로 갔다. 달걀마다 0에서 3까지의 숫자가 표기돼 있다. 그녀가 설명한다.

"숫자 3은 산란계가 폐쇄된 건물의 케이지 안에서 사육되었다는 것을 의미합니다."

이렇게 자라는 닭들은 평생 햇빛도 하늘도 전혀 보지 못한다. 프랑스 서부 브르타뉴 지방의 코트다르모르에서 케이지에 산란계를 키우는 한 양계장을 방문한 적이 있다. 8만 마리의 암탉들이 창문조차 없는 한 거대한 건물 안에 모여 있었다. 닭들은 작은 케이지 속, 뛸 수도 걸을 수도 없는 좁은 공간에 다닥다닥 붙어 평생을 보낸다. 닭 한 마리에게 주어진 삶의 공간은 겨우 A4 용지 두 장 넓이다. 깃털이 뜯긴 닭들이 많다. 케이지 철창이 남긴 흔적이다. 이 모든 것은 생산비용을 최대로 절감하기 위함이다. 사육자가 설명을 해준다.

"이러한 방식으로 1제곱미터 안에 훨씬 많은 닭을 채워 넣을 수 있습니다. 유기농 축산 방식이 6마리까지고, 저희는 13마리쯤 됩니다."

세계적으로 산란계 암탉의 60%가 케이지에 갇혀 산다. 프랑스 닭의 경우 그 비율은 68%다.

레오폴딘 샤르보노가 다른 달걀에 적힌 숫자를 가리키며 말한다.

"숫자 2는 닭이 평사에서 길러졌다는 의미입니다. 케이지에 갇히지는 않지만 여전히 폐쇄된 건물 안에서 자란다는 뜻이죠."

역시나 이 닭들은 실외로 나갈 수 없다. 평생을 인공조명 아래서 사는 것이다. 그녀가 이어 말한다.

"숫자 1은 닭이 실외로 나갈 수 있다는 의미입니다."

그리고 이제 마지막이다.

"숫자 0은 유기농입니다."

이 닭들은 훨씬 넓은 열린 야외 공간에서 자유롭게 돌아다닐 수 있을 뿐 아니라 유기농 사료를 먹고 자란다. 달걀의 원산지 표기 역시 의무다. 프랑스산 달걀에는 FR이라는 두 글자가 숫자 옆에 적혀있다. 이렇게 구매자는 사육환경과 원산지, 유기농 여부를 한눈에 알 수 있다. 이러한 표기는 2004년 1월

1일부터 유럽연합에서 의무화됐다.

레오폴딘 샤르보노가 설명한다.

"이 표기법이 채택된 이후로 케이지 프리 달걀의 생산이 상당히 늘었습니다. 소비자들이 방사 달걀, 유기농 달걀을 선호하는 것이 드러나자 생산자들은 사육 방식을 바꿀 의욕이 높아졌고 장기적으로 투자하기 시작했습니다. 더 옳은 시스템을 향해 가게 된 것이죠."

기업들이 자체적으로 고안한, 제품의 장점만을 표시하는 라벨들과 달리 이러한 의무 표기법은 좋든 나쁘든 동물의 사육 조건을 전부 공개한다. 그리고 케이지에서 자란 닭이 낳은 달걀을 살지 말지는 소비자의 자유다.

수년 전부터 동물보호단체들은 햄, 소시지, 닭가슴살 등 모든 동물성 제품에 이와 같은 의무 표기법을 적용하도록 하기 위해 노력해왔다. 프랑스 정부는 이 방면에서 확고히 결단을 내린 적이 없다. 프랑스 하원은 가장 최근 만들어진 중요 법안인 2018년 식품법의 제정 과정 중 1차 심의에서 당시 하원의원이었던 바바라 퐁필리Barbara Pompili 현 환경부 장관이 내놓은 개정안을 통과시켰다. 이 개정안은 2023년부터 적용될 사육 환경 표기 라벨링에 관한 내용을 담고 있었다. 하지만 개정안은 곧 정부의 묵인하에 상원에서 폐기되었다.

이제는 기업들의 자발적인 선택에 기댈 수밖에 없게 됐다. 국제 농장동물 보호단체가 프랑스 대형 유통 그룹 카지노와 협력하여 동물복지 특별 라벨을 만든 것도 이러한 배경에서다. 이 라벨 또한 뉴트리스코어와 비슷한 방식으로 A에서 E까지의 알파벳을 이용하여 사육환경을 표기한다. A와 B만이 닭들의 실외 방목을 보증한다. 칭찬할 만한 도전이고 마트 내 몇몇 코너에서 이미 눈에 띄기 시작했다. 하지만 의무의 성격이 아닌 이 라벨링이 과연 제대로 자리 잡을 수 있을까? 그렇게 된다 하더라도 얼마만큼의 시간이 필요할까?

먹거리 선택의 기준 : 유기농, 산지, 계절성

동물복지 라벨링과 뉴트리스코어 라벨링의 사례는 정부가 시민들에게 제공되어야 할 정보들을 뒤로하고 불투명성이 지속되게 하는 데에 얼마나 기여하고 있는지 보여준다. 이런 상황에서는 우리 자신을 믿을 수밖에 없다. 각 제품에 대해 우리 스스로 조사를 해야 한다. 있는 수단을 십분 활용해 정보를 구해야 한다. 쉽지 않고 시간도 걸리고 종종 의욕이 꺾이기도 하겠지만, 이것이 우리가 나아가야 할 방향이다.

나의 경우, 먹거리를 주제로 오랜 기간 조사를 하면서 얻은 경험으로 인해 소비 방식이 완전히 바뀌었다. 마케팅 전문가들의 표현을 빌리자면, 나의 '구매 행동'은 내가 새로운 것을 접할수록 점점 변해갔다. 내 선택들이 완벽할 수는 없다. 다만 나는 조사를 하면서 더 옳다고 느낀 것들을 선택하려 한다.

내 첫 번째 선택 기준은 유기농 라벨이다. 몇 가지 예외가 있긴 한데 이에 대해서는 뒤에서 더 이야기하겠다. 유기농은 농약과 화학비료를 사용하지 않았음을 보장한다. 우리 건강에 좋을뿐더러 토양 보호, 생물다양성 보전 면에서도 낫고 자연 자원을 덜 낭비한다. 온실가스를 훨씬 덜 배출하기 때문에 지구온난화 저지에도 도움이 된다. GMO 사용이 금지된다. 또한 유기농 라벨만이 동물복지를 따진다. 사육되는 동물이 실외로 나갈 수 있도록 하는 것이 의무다. 동물에게 제공되는 공간도 더 넓다. 동물 수가 한정된다. 동물들을 묶어두거나 케이지 안에 가둘 수 없다. 이런 내용을 보면 분명 모두가 이것이 도리에 맞다고 느낄 것이다. 그러나 이러한 사육환경과 재배 조건을 보장하는 라벨은 예외적으로 유기농 라벨뿐이다.

공업형 농업을 지지하는 사람들과 온갖 반대자들이 나를 꾸

짖듯이 내뱉는 낯선 비판의 소리가 들려온다. 그들은 유기농의 함정을 알라고, 유기농은 현실과 동떨어진 엘리트 집단의 상징이라고 말한다.

"유기농이라…… 흠, 결국엔 보보들이나 잡으려는 술수지!"

이들은 유기농을 저격하는 수식어들을 앞세운다. "유기농의 숨겨진 얼굴", "유기농, 그 대형 사기극"……. 정확히 이 수식어들이 전달하는 바가 무엇인가? 유기농 식품이 건강에 더 좋지 않다는 것인가? 아니다. 유기농 소비가 생명을 구하는 길이라고 말하는 것이 잘못됐다는 것인가? 아니다. 유기농 재배가 지구에 해를 덜 주지 않는다는 것인가? 아니다. 이 조사들의 대부분은 유기농의 좋은 가치를 이용해 가격을 인위적으로 부풀리는 일각의 행태를 고발한다. 물론 비판할 만한 내용이다. 하지만 대기업들이 소비자들을 희생시켜 건강에 해로운 제품들의 가격을 부풀려온 지가 대체 몇 년인가? 우리가 농약과 화학약품으로 만들어진, 고지방·고과당 식품들의 마케팅 함정에 빠져 산 지가 몇 년인가?

유기농이 완벽한 것은 아니다. 최소 조건이다.

여기에 매우 중요한 두 가지 기준을 더해야 한다. 바로 산지와 계절성이다.

비행기로, 선박으로 바다를 건너온 유기농 제품을 소비하는 것은 분명 우리 건강에는 더 좋을 것이나 환경에는 해로울 것이다. 따라서 우리 지역에서, 나라 안에서, 부득이한 경우 이웃한 나라에서 생산된 제품을 구매함으로써 가능한 한 가장 짧은 유통경로를 택해야 한다.

계절성 역시 중요한 조건이다. 가을에 아스파라거스를, 겨울에 토마토나 호박, 가지를 먹는 것은 예를 들어 소스 형태로 냉동된 제품이 아닌 이상 삼가야 한다. 철이 아닌 재료는 별 맛도 없을뿐더러, 온실에서 재배되어야 하므로 다량의 에너지를 소비하여 환경에 좋지 않다.

먹거리 선택의 기준 : 자기 가축의 먹이를 생산할 수 있어야

나는 아주 드물게 먹는 고기와 관련해서 한 가지 조건을 추가한다. 사육자가 자기 가축의 먹이를 생산할 수 있어야 한다는 것이다. 사육자가 곡물을 스스로 재배하면 농장은 거의 자립적으로 운영된다. 산림 파괴와 생물다양성 훼손을 불러일으키는 세계 곡물 재배지에서 대두박이나 유채 깻묵을 수입하지 않아도 되는 것이다. 그래서 나는 자기 가축의 먹이를 자체적으로 생산하는 방사 농장의 생산자들에게 직접 주문을 한다.

고객에게 직배송을 하는 생산자가 점점 더 늘고 있다. 제약 조건이 많은 방식이다. 하지만 육류 구매 횟수를 줄여 소비를 줄이면 별 무리가 없다. 그리고 그런 식으로 구매를 하면 가격이 비싸서 고기를 덜 먹게 되므로 장보기 지출이 줄고, 그렇게 되면 가까운 곳에서 생산된 유기농 채소, 과일, 곡물을 구매하는 데에 더 많은 예산을 쏠 수 있다.

나는 여기에 내 개인적 윤리에 따른 조건 하나를 더한다. 송아지, 새끼 양과 같은 어린 동물을 먹지 않는 것이다. 동물들이 단 몇 주간 세상을 살고 희생되지 않게 하기 위함이다.

먹거리 선택의 기준 : 예외인 지역 생산물과 야생 물고기

꼭 유기농을 고집하지 않는 경우도 있다. 동네 청과물 상인들 가운데에는 환경 문제에 적극적으로 참여하는 이들이 많아지고 있는데, 이들은 지역 생산자들한테서 '인증되지 않은' 과일과 채소들을 받아와 판매한다. 이 지역 생산자들은 공식적으로 유기농 인증을 받지는 않았지만 화학비료나 농약을 사용하지 않는다. 이러한 경우 적절한 가격을 형성할 수 있으며 지역 일자리를 지킬 수 있다. 나는 이것이 받아들일 만한 예외라고 생각한다.

마지막으로, 야생 물고기가 있다. 야생 물고기는 정의상 유기농일 수 없다. 이 물고기들은 어획되기 전까지 자유롭게 먹고 자라기 때문이다. 유기농 물고기는 무조건 양식일 수밖에 없다. 이는 즉 물고기에게 먹이를 주기 위해 곡물을 생산하고, 많은 경우 수입해야 한다는 의미다. 또한 다른 어류들을 잡아 이 물고기들에게 분말 형태의 먹이로 제공해야 할 것이라는 뜻이다. 이런 양식 물고기의 소비는 줄이고 주낙 어획과 같이 지속 가능한 소규모 어획 활동으로 얻은 야생 물고기를 우선시하는 것이 더 나은 선택임이 틀림없다.

유기농, 로컬푸드, 제철 생산물, 지속 가능한 어획, 자립적 축산. 이를 위해서 우리는 산지를 확인하고, 식재료들의 제철을 알고, 좋은 상인과 가까운 거리에서 직배송하는 생산자를 찾고, 청과물과 생선가게 주인에게 질문해야 한다. 할 일이 많다. 하지만 아주 빠르게 새로운 습관이 우리 몸에 배어 반사작용처럼 자리 잡을 것이다. 그리고 하나의 새로운 규범이 될 것이다. 그 전엔 우리가 어떻게 했더라?

24

윤리

**비극적인 죽음을 피하도록 하는 새로운 대안이 있다.
최신 기술을 이용하여 부화 전 배아의 성을 감별해
암컷만을 부화시키는 것이다.**

지금까지 조사한 바로는, 몇몇 식품 생산 분야의 경우 소비자들이 구매를 통해 지지할 수 있는 윤리적이고 지속 가능한 해법이 아직 마련되지 못했음을 인정할 수밖에 없다.

달걀 생산에 얽힌 비극

예를 들어 달걀의 경우, 우리는 방사되어 자란 암탉이 낳은 유기농 달걀을 선택할 수 있다. 하지만 이 산란계 암탉들의 탄생에 문제가 있다. 부화장에서 병아리들이 알을 깨고 나오기 전에 그것이 수컷인지 암컷인지를 아는 것은 불가능하다. 그래서 병아리들이 태어나면 '병아리 성 감별사'라 불리는 전문 인력이 병아리들을 분류한다. 이어 달걀을 낳는 암탉이 될 암평아리는 남겨둔다. 반면 수평아리는 쓸모가 없다. 우리가 먹는 육계 종이 아니기 때문이다. 이 수평아리들을 살려두면 업체로서는 비용이 들 것이다. 그렇기에 수평아리들은 바로 분쇄기에 갈거나 포대에 넣고 밀봉해 질식사시킨다. 가스를 이용해 도살하는 경우도 있다. 부화장 한 곳에서 하루에 생산할 수 있는 병아리 수는 최대 5만 마리이며 그중 약 절반이 도살된다. 이처럼 프랑스에서 달걀 생산을 위해 죽어가는 산란계 수컷은 매해 4천만 마리다.

이런 비극적인 죽음을 피하도록 하는 새로운 대안이 있다. 최신 기술을 이용하여 부화 전 배아의 성을 감별해 암컷만을 부화시키는 것이다. 그러나 이 기술을 이용한 달걀은 드물 뿐더러 매우 비싸다.

또 다른 문제는 산란계 암탉의 최후다. 생후 약 18개월 즈음 되면 암탉들은 달걀을 적게 낳아 산업적으로 더 이상 생산성이 없다고 간주된다. 유기농일 경우에도 마찬가지다. 따라서 암탉들은 도살되어 반려동물 사료나 치킨스톡에 쓰일 분말로 가공된다. 혹은 냉동되어 아프리카 등 개발도상국으로 보내져 시장에 판매된다. 여기에도 접근이 쉽지 않은 대안이 존재한다. 암탉들이 이후 6년에서 10년까지 보호소에서 남은 생을 보낼 수 있도록 하는 것이다. 하지만 이렇게 만들어진 달걀의 가격은 일반 달걀 가격의 두 배 이상이다.

유제품과 소의 일생

우유 생산에도 역시 풀리지 않은 윤리적 문제가 있다. 마시기 위한 우유이든, 버터·크림·요구르트·치즈를 만들기 위한 우유이든 우유를 만들기 위해 젖소는 해마다 출산을 해야 한다. 그리고 송아지를 출산한 지 24시간이 채 되기 전에 어미 소는 자기 새끼로부터 분리된다. 매우 고통스러운 감정적 충격을 안기는 행위다. 갓 태어난 송아지는 바로 케이지나 개별 우리로 보내진다. 암송아지는 어미처럼 젖소가 된다. 수송아지는 비육장으로 보내져 거의 대부분 햇빛을 보지 못하는 폐쇄된 건물 안에서 자란다. 이 소들에게는 철분 함량을 줄인 분유(대용유)를 먹이는데, 이는 빈혈을 일으켜서 소비자가 원하는 하얀 고기 색을 내기 위함이다. 그리고 생후 5개월에서 8개월 사이에 도축한다. 유기농의 경우 몇 가지 개선된 조건이 주어진다. 송아지들이 비육 기간에 외부로 나갈 수 있도록 해야 하고, 철분 부족을 야기하는 식단은 적용할 수 없다. 하지만 송아지들이 태어나자마자 어미에게서 강제로 분리되는 것은 마찬가지다.

이에 대해서도 대안이 있지만 실행되는 경우는 극히 적다. 몇몇 농장은 송아지가 어미와 함께 자라게 하고, 착유한 모유를 먹거나 직접 빨 수 있게 한다. 또 송아지가 착유하지 않는 다른 암소에게 길러지는 경우도 있다. 이 경우 어미 소에게는 여전히 분리의 문제가 남지만 송아지의 경우는 분리의 충격이 완화된다. 하지만 이러한 방법은 생산성이 떨어진다고 여겨져 실행하는 농가가 거의 없고, 우리가 유제품을 구매할 때 이 방식으로 우유가 생산되었는지를 알기는 매우 힘들다.

다량의 온실가스 배출을 동반하는 식재료

마지막으로, 우리 위도상에서 재배되기 어려운 식재료의 소비는 여전히 해결할 수 없는 문제다. 예를 들어 바나나, 망고,

그리고 캐슈너트, 피칸 등의 견과, 카카오, 커피, 차, 향신료 등이 이러한 식재료에 해당한다. 이 식품들은 운송 때문에 다량의 온실가스를 배출하며, 추적이 어렵다. 따라서 구매 시 생산방식을 더욱 세심히 살펴 공정한 방식으로 생산된 유기농 제품을 골라야 한다. 더불어 소비를 줄이고 무엇보다 낭비하지 않도록 주의하는 것이 중요하다.

25

100억

우리가 그들의 미래를 갉아먹는 시스템의 소극적인 공범이었다고
인정해야 할까, 아니면 그들과 지구 위 생명의 미래를 지키기 위해
대항한 이들로 기억될 수 있을까?

나는 몇 가지 사항을 제외하고는 지구와 우리의 건강을 지
키며 인류를 먹여 살릴 먹거리 모델을 찾는 이 여정에서, 이미
검증되었고 경제적으로도 지속 가능하며 그저 대규모로 시행
하기만 하면 될 모델들이 꽤 많다는 것에 무척 놀랐다.

무경간 농법과 혼농임업, 100% 독립적인 방사형 축산, 지
속 가능한 어획 방식, 완전 유기농 급식, 생산자 직판, 로컬푸
드, 음식물 쓰레기로 만드는 비료와 에너지……. 우리에겐 과
학적 증거들이 있다. 우리는 이로운 것이 무엇인지 안다. 나는

과학자, 교수, 농부, 어부, 사육자, 셰프, 급식 조리사, 의사, 환경운동가, 의원, 철학자 등 인간이 풀어야만 할 공동의 도전거리에 누구보다 먼저 뛰어들어 희망적인 길을 보여주는 수많은 이들을 만났다. 그러나 이들이 고안한 해결책들이 현실이라는 관문을 뚫지 못한다면 이들의 노력은 무의미해지고 투쟁은 실패로 돌아가고 말 것이다.

생태농업 방식이 지구상의 필요를 충족시킬 수 있다

5년 전 첫아이가 태어나면서 시작된 이 프로젝트를 끝마치기 위해 마지막 한 가지 질문에 답해야만 한다. 분명코, 가장 중요한 질문이다.

과연 이러한 가치 있는 방식들이 2050년에 100억 명에 달할 전 세계 인류를 먹여 살리기에 충분할까?

내 생각에 이 질문에 답할 수 있는 적임자는 올리비에 드 슈터였다. 52세의 이 벨기에 출신 법조인은 국제법 전문가로 이 문제와 관련한 특별한 이력을 지녔다. 2008년부터 2014년까지 유엔 식량권 특별보고관을, 2015년부터 2020년까지는 유엔 경제·사회·문화 권리위원회CESCR 위원직을 지냈고, 현재 유엔 인권이사회의 극빈·인권 특별보고관으로 활동하고 있다.

나는 파리에 들른 그를 만났다. 마른 체격에 이마가 넓은 그는 눈빛이 강렬하고 날카로운 지성을 지녔다.

"드 슈터 씨, 대안적인 농업 생산 방식을 대규모로도 실현할 수 있을까요? 산업화 없이도 가능합니까?"

"오늘날의 연구들은 아주 중요한 두 지점으로 수렴합니다. 첫째는 농업 규모가 작을수록 헥타르당 생산성이 높다는 것입니다. 이유는 간단합니다. 만약 10, 12, 20헥타르의 작은 경지를 가졌다면 이익을 충분히 얻기 위해 땅을 최대로 활용할 것입니다. 반면 아주 넓은 면적의 땅을 가진, 너무 넓어 다른 방식을 고려하지 못하고 단일경작하는 농부들은 헥타르당 생산성을 그렇게까지 높여야 한다고 생각하지 않습니다. 또한 혼농임업처럼 여러 식물 종과 때로 동물 종을 혼합하는 등 복합적인 방식으로 경작되는 땅은 주 작물만이 아니라 그 땅에서 자라는 모든 것들을 감안한다면 생산성이 매우 높습니다. 1헥타르의 땅에 옥수수와 몇 가지 콩류를 함께 재배하면 옥수수만 재배하는 것보다 옥수수 생산량이 적은 게 당연하죠. 주된 작물의 생산량만을 반영하는 통계가 문제입니다. 사람들은 말할 겁니다. '보세요, 생태농업은 통하지 않습니다. 헥타르당 옥수수 7, 8톤은 나올 것을 이렇게 하면 2톤밖에 생산되지 않습니다.'라고요. 오해의 소지가 큰 셈법입니다. 오늘날 우리는 확실하게 말할 수 있습니다. 더 인간적인 규모, 더 작은 면적에서 실행되는 생태농업 방식이 지구상의 필요를 완벽히 충족시킬 수 있다고요. 물론 이 생산 방식이 장려되고 활발해진다는 전제하에 말입니다."

"그렇다면 이 농업 방식이 현실성 있는 대안이고 산업적 체계를 앞설 수 있다는 겁니까?"

"생태계를 존중하는 복합적인 경작 방식의 소규모 농업 생산은 농학적으로 완벽히 현실적인 대안입니다. 불행히도 경제 면에서 보자면 시장 경쟁력이 충분치 못한 경우가 많지만요."

식품 가격의 왜곡된 체계

"왜 더 생산적인데 경쟁력이 없죠?"

"단일경작의 산업적 생산 시스템이 그것이 불러오는 부정적인 외부 효과를 책임지지 않아도 되기 때문입니다. 다시 말해 단일경작이 토양, 환경, 공공보건에 입히는 모든 손해가 식품 가격에 반영되지 않는다는 뜻입니다. 다른 농업 방식을 추구하는 작은 규모의 농장들에 불리하도록 왜곡된 체계입니다. 슈퍼마켓 계산대에서 지불하지 않는 것을 모두 우리는 막대한 보건비용으로 지출합니다. 산업적 생산 방식으로 인한 중대한 환경적 손해를 상쇄하기 위한 비용으로 지출하는 거죠. 가격은 어떤 면에서 보면 거짓된 것입니다. 산업적 생산으로 인한 실제 사회적, 환경적 비용이 반영되어 있지 않으니까요."

"이 허구를 바로잡기 위한 정치적 움직임은 없습니까?"

"저비용 식품 경제를 추구하기 때문에 정치적 결정이 가로막혀 있습니다. 정부 보조금은 대부분 대규모 생산자들이 가져갑니다. 친환경적으로 농사를 짓는 소규모 농장들은 충분히 보조를 받지 못하죠. 지속 가능한 보조금 체계란 생물다양성을 보호하고, 환경을 보전하고, 토양의 질을 적절히 유지하며, 온실가스를 흡수하여 우리 모두에게 도움을 주는 농민들에게 보상하는 체계를 말합니다. 하지만 현실은 환경과 공공보건 모든 면에서 좋지 않은 농업, 결국엔 지속 가능하지 못한 농업을 장려합니다. 지금의 보조금 체계를 근본적으로 바꿔야 합니다."

"당신은 세계의 정상급 지도자들과 소통합니다. 이런 상황이 지속되는 것을 당신은 어떻게 설명하시겠습니까? 변화를 가로막는 것이 무엇입니까?"

올리비에 드 슈터의 얼굴이 돌연 굳어졌다. 그리고 잠시 침묵하더니 이내 말을 잇는다.

"사실 사회적·환경적 차원에서, 공공보건 면에서 현재 시행되는 가격이 부적절하다고 감히 말할 수 있는 지도자나 지도자 후보는 한 명도 없습니다. 정당한 식품 가격이란 생산자들에게 공평한 수익을 안겨주고 부정적인 영향을 일으키지 않도록 하는 데 드는 비용까지 반영되어야 합니다. 현재 유럽 국가들의 경우, 가계 지출에서 식품 구매가 차지하는 비중은 평균적으로 13~14%입니다. 1950년대에는 40~45%였죠. 실제 식비가 점진적으로 줄었습니다. 가격이 더 오르는 게 맞습니다. 문제는 저소득층을 보호할 복지 정책이 없다는 것입니다. 따라서 정치인들에게는 매우 어려운 문제죠."

일상에서 소비자의 실천이 없으면 바뀌지 않는다

어떤 거짓이 시민과 농민들을 허상 속에 잡아두고 있다. 이는 지도자들과 기업들, 그리고 우리 자신의 무지에 의해 교묘히 유지된다. 어쩌면 자신의 삶 이외에는 신경 쓰지 않으려는 우리의 거부에 의해서일 수도 있다. 하지만 우리가 당장 행동에 나선다면 이 허상은 예상보다 훨씬 빨리 깨질 수 있다.

올리비에 드 슈터가 말한다.

"사람들은 해결책이 위에서, 정부에게서 아래로 내려올 것이라 믿습니다. 하지만 실제로는 소비자, 밥을 먹는 사람들의 일상적 실천이 변하지 않으면 아무것도 바뀌지 않습니다. 오늘날 많은 사람들이 건강 차원에서, 그리고 점점 더 많이 환경보호 차원에서 자기 식습관의 영향을 인식하고 더 나은 식생활을 꾸리려고 노력하는 것은 무척 고무적입니다. 그리고 아맙(AMAP, Association pour le maintien d'une agriculture paysanne. 프랑스의 생산자와 소비자 네트워크로, 농가와 소비자 그룹이 직접 연결되어 회비 선납, 꾸러미, 농가 일손돕기 등을 통해 긴밀한 관계를 유지한다.-옮긴이)의 수도 늘고 있고, 로컬푸드, 도시 공동텃밭, 학교 급식 개선을 요구하는 학부모 단체도 성장하고 있습니다. 몹시 중요한 사항입니다."

올리비에 드 슈터가 잠시 말을 멈춘다. 그리고 낮은 목소리로 천천히 말을 잇는다.

"앞으로 중요한 쟁점은 이 작은 혁신의 움직임이 시스템을 변화시킬 수 있을 것인가입니다. 시스템이 꼼짝 않고 자체의 문제를 인정하지 않으려고 할까요, 아니면 우리의 생산과 소비 방식에 일대 혁신이 일어날까요?"

내가 이날 들은 말들은 미래를 위한 증언이다. 우리가 아는 것에 대한 증거다. 역사의 어느 편에 서고 싶은가? 우리 아이들에게, 아이들의 아이들에게 뭐라고 말할 것인가? 우리가 그들의 미래를 갉아먹는 시스템의 소극적인 공범이었다고 인정해야 할까, 아니면 그들과 지구 위 생명의 미래를 지키기 위해 대항한 이들로 기억될 수 있을까? 이 문제에 대한 답은 우리 각자에게 달려있다.

미국 식품전문가이자 작가인 마크 비트먼은 우리에게 주어진 임무를 다음과 같이 요약했다.

"세상을 바꿔야 합니다. 세상을 바꾸는 것이 이롭지 않은 사람은 지금 시스템에서 이득을 취하는 이들뿐입니다. 그게 누구일까요? 이 시스템 덕분에 부를 쌓는 이들입니다. 사육자도 소비자도 이득이 없습니다. 이득을 보는 것은 종자를 공급하고, 곡물을 가공하는 대기업들입니다. 매우 체계화되어 있죠. 바로 이들이 이득을 취합니다. 변화가 요구되지 않는 한 이들 스스로 바뀌려 할 이유가 없습니다. 우리의 입장에서, 우리는 그들에게 이렇게 말하며 변화를 끌어내야 합니다.

'나는 더 이상 그렇게 먹지 않을 겁니다. 그 방식으로는 먹지 않을 겁니다. 나는 이제 다르게 먹겠습니다.'"

26

다가올 미래

**"우리 수십억 명이 변화한다면,
우리는 다른 세상에 살게 될 것입니다."**

올리비에 드 슈터가 증명하듯 먹거리 혁명은 최빈곤층이 변화를 향해 한 걸음 내딛게 도울 때에야 가능할 것이다. 몇몇 앞선 이들은 이를 알고 행동에 나섰다.

취약계층 아이들에게도 유기농 먹거리를

프랑스 북부의 그랑드생트는 해안에 철강 산업단지가 들어서면서 조성된 공업도시다. 오늘날 도시는 탈공업화의 아픔을 겪고 있다. 실업률은 28%에 이르고 가구의 33%가 빈곤선 이하의 삶을 살고 있다. 모든 아이들이 매일 세 끼를 먹을 수 있는 형편이 아니다.

그랑드생트 시는 취약계층 아이들 역시 지구와 그들의 건강에 더 나은 먹거리를 누릴 수 있도록 하기 위해 100% 유기농 급식을 도입했다. 그리고 급식 식재료의 공급을 위해 농업인들의 정착을 지원했다. 지자체는 이 농업인들을 위해 도심 한가운데에 땅을 마련하여 도시농장을 지었다. 그렇게 채소 재배를 담당하는 일자리 다섯 개가 만들어졌다. 지자체는 여기서 한 걸음 더 나아갔다. 취약계층에게 그들 스스로 먹을 것을 키워 먹을 수 있도록 한 것이다.

프랑스 공공임대주택, HLM 단지들 사이에서 2001년부터 2019년까지 그랑드생트의 시장을 지낸 다미앵 카렘을 만났다. 동그란 안경과 덥수룩한 잿빛 머리카락, 일주일은 깎지 않은 듯한 수염에 살짝 배가 나온 이 사람. 그의 입에서 나오는 말들은 살아있다. 그가 빠른 말씨로 내게 설명한다.

"이들은 사회적으로 위급한 상황에 처해있습니다. 부모들이 걱정하는 건 자식들에게 유기농을 먹일지 말지가 아니라 그저 밥을 먹일 수나 있을까 하는 것입니다. 공유텃밭 사업이 추진

된 것은 바로 이 때문입니다."

그때까지만 해도 비어있던 도시 곳곳의 땅이 여덟 개의 공유텃밭으로 재탄생했다. 모든 주민이 텃밭의 작은 구획을 얻어 채소를 키울 수 있게 됐다. 조건은 단 하나, 화학물질을 사용하면 안 된다는 것이었다. 텃밭은 금세 취약계층에게 돌아갔다. 통로를 따라 걷는 사이 땅을 고르고 물을 주고 작물을 거두는 주민들이 보였다.

다미앵 카렘이 말한다.

"사회적인 차원에서 도시 공유텃밭은 가정들에 필요한 먹거리의 일부를 제공합니다. 그렇게 부모들은 돈을 절약할 수 있죠. 그리고 여기서 나는 것들은 좋은 먹거리이므로 이들이 절약한 돈을 의료비로, 약값으로 써버리게 되는 상황도 막을 수 있습니다. 텃밭은 이들에게 일상에서 자신의 환경을 직접 다스릴 힘을 줍니다. 이들이 자신의 앞날을 직접 일굴 수 있게 해줍니다. 그랑드생트는 이들이 사회적·환경적·보건적으로 가장 이로운 길을 걸을 수 있도록 바탕을 만들어주고자 했습니다."

그랑드생트의 도시농장
그랑드생트 시는 취약층 아이들도 지구와 자신의 건강에 더 나은 먹거리를 누릴 수 있도록 하기
위해 100% 유기농 급식을 도입했다. 그리고 식재료 공급을 위해 농업인들의 정착을 지원했다.

가난한 생산자들의 삶을 바꿔놓은 학교 급식

이곳에서 수천 킬로미터 떨어진 대서양 건너편 브라질에서
취약계층이 질 좋은 먹거리를 누리도록 하는 프로그램이 만들
어져 본보기가 되고 있다.

2010년 브라질 룰라 정부는 연방정부 예산으로 운영되는
학교 급식소들이 식재료의 30%를 소규모 가족경영 농장에서
공급받을 것을 법으로 정했다. 매년 이 학교 급식 프로그램을
위해 10억 유로의 예산이 투입되어 3,600만 명의 학생들이

혜택을 보고 있다.

이 프로그램은 초등학교에서 고등학교까지의 급식 메뉴뿐 아니라 수백만 가난한 소규모 생산자들의 삶을 바꿔놓았다. 이 농가들은 2, 8, 15, 20헥타르의 작은 땅에 여러 종의 작물을 키우며 때로는 가축을 함께 기른다. 유엔이 우수 사례로 꼽은 이 프로그램은 르완다를 비롯한 개발도상국의 모델이 되고 있다.

우리 먹거리 뒤편에서 일어나는 일들을 추적해온 이 여정의 마지막 코스로 나는 브라질리아에서 두 시간 떨어진, 농부 이본 히베이루 마샤두의 유기농 농장을 방문했다. 이 프로그램이 시행되기 전, 그녀는 화물차 운전기사였다. 수입은 보잘것없었고 삶은 퍽퍽했다. 오늘날 그녀는 자신의 화물차로 자신의 상품을 배송한다. 모든 수입은 학교에 수확물을 판매하는 데서 나온다.

단색의 대두 밭 바다에 둘러싸인 그녀의 작은 농장은 색색깔로 가득하다. 그녀는 나무와 채소, 동물들을 모두 함께 기른다. 그녀가 재배하는 작물은 토마토, 파프리카, 순무, 양배추, 호박, 당근, 애호박, 가지, 고추, 양상추, 마니옥, 파, 양파, 근대, 강낭콩, 밀, 딸기, 멜론, 바나나, 레몬, 오렌지, 자몽 등이다. 돼지와 닭 몇 마리도 키우고 있다.

60대의 이본이 짧은 머리, 그을린 피부에 작은 선글라스를 끼고 나타나 악수를 나눈다. 악력이 엄청나다. 나는 그녀를 따라 그녀의 과수원으로 가 다양한 품종의 감귤류를 맛보았다. 그녀가 설명한다.

"혼농임업은 한 땅에서 여러 가지 작물을 키우는 겁니다. 다양한 종이 공존하고 많은 수확을 거둘 수 있죠. 제가 가진 이 다양성을 좀 보세요. 작은 공간에서 훨씬 생산을 많이 할 수 있는 방식입니다. 일 년 내내 수확할 게 생기죠. 생산물이 끊이지 않아요."

이 브라질 학교 급식 프로그램에는 소규모 생산자들을 대상으로 하는 우수 농법 수업 또한 포함되어 있다. 한 예로 '산울타리' 기술을 가르친다. 산울타리란 과수목이나 소관목을 이용해 만든 자연 울타리를 말한다. 구획을 나누거나 특정 곤충이나 질병 등 농작물에 해를 입히는 것들이 퍼지지 못하게 막는 역할을 한다.

이본 히베이루 마샤두가 말한다.

"가족농들을 돕는 이런 프로그램이 없었다면 저희는 산업형 대규모 농장과의 경쟁에서 살아남을 수 없었을 겁니다. 이

이본 히베이루 마샤두의 유기농 농장
수입 전부를 학교에 농산물을 팔아서 얻는 이본은 나무와 채소, 동물을 모두 함께 기른다. 혼농임업은 한 땅에서 여러 가지 작물이 날 수 있게 하므로 다양한 종이 공존하고 많은 수확을 거둘 수 있다.

렇게 조그마한 우리가 거인과 경쟁하는 것은 매우 힘든 일이에요. 소형차 비틀이 페라리를 상대하는 것과 비슷합니다. 아주 불공평하죠."

궂은 삶의 흔적이 역력한 그녀 얼굴에 미소가 떠오른다.

"과거에 저희는 납품처가 없었어요. 과일과 채소를 시장에 내다 팔아야만 했지요. 학교에 납품을 하는 건 대형 농장들이었습니다. 이제는 저희가 합니다!"

종려나무 뒤로 해가 기운다. 햇볕이 뜨겁다. 지구 위 금요일 밤이 찾아온다. 우리는 채소밭을 거닌다. 통통 튀는 초록색의 앵무새들이 이 나무, 저 나무를 오가며 옥신각신한다. 탐스러운 붉은 꽃들 위로 벌새 한 마리가 바삐 움직인다.

이본이 말한다.

"저는 미래에 대한 희망이 큽니다. 저는 미래가 있을 거라 확신해요."

그러고는 레몬 하나를 따 칼로 껍질을 벗겨내며 말한다.

"제가 여기 처음 왔을 때 여기는 대규모 대두 농장이었어요. 풀 한 포기, 나무 한 그루 없었죠. 지금은 보세요, 얼마나 달라졌는지요!"

그녀의 검은 눈이 반짝인다.

"지금은 얼마나 아름답게 푸르른지 보세요. 이제 새도 있고, 벌도 있고, 작물들도 있고……. 생물다양성이란 이런 거죠!"

그녀가 옳다. 희망이 있다. 판세는 여전히 바뀔 수 있다. 그녀가 힘주어 말한다.

"누군가가 브라질 한구석을 불태울 때, 우리는 푸르름을 심고 또 심습니다. 온 브라질이 초록빛이 되길 바라면서요."

"우리는 다른 세상을 살게 될 것입니다"

10년 안에 판세를 돌려야 한다. 그리고 30년 안에, 기후변화와 생물다양성 붕괴가 돌이킬 수 없는 길로 접어들기 전에 먹거리 체계의 대전환을 완수해야 한다. 대안이 있다. 경제성 있고 우리 모두를 먹여 살릴 수 있는 대안들이다. 우린 어떤 단계들을 따라야 할지 알고 있다. 많은 사람들이 길을 열어줬고 우리 각자가 할 수 있는 것들이 있다. 그들이 우리에게 바통을 넘긴다. 당신은 이 바통을 받아 쥐겠는가? 우리 각자가, 저마다의 자리에서 변화를 만들 수 있다. 이본 히베이루 마샤두처럼 말이다.

제인 구달은 말한다.

"우리 수십억 명이 변화한다면, 우리는 다른 세상에 살게 될 것입니다."

정부의 결정을 기다리기에는 너무 늦다. 우리 모두가 나설 수 있다. 이 책을 덮고, 다르게 먹기로 결심만 하면 된다. 힘은 우리가 쥐고 있다. 우리와 같은 사람들이 점점 늘면 기업과 정치인들은 다른 방도가 없을 것이다. 지금 당장, 다 함께 움직여야 한다. 때가 됐다. 더 이상 도처의 소규모 프로젝트들에 만족할 때가 아니다. 더는 "10~20%의 지속 가능성을 지향한다."고 말할 수 없다. "100% 지속 가능성이 목표"라고 해야 한다. 우리는 목표의 수준을 바꿔야 한다.

앞으로 지구가 어떤 모습일 수 있을지 상상해보라. 길가에 풍성할 초목을 상상해보라. 다시 돌아온 숲들을 상상해보라. 우리 아이들이 뛰어 놀 초원의 풍부한 생물다양성을 상상해보라. 시골 자연에서 자유롭게 자라는 닭과 돼지들을 바라보는 우리 아이들을 상상해보라. 물고기, 거북이, 돌고래가 돌아온 바다에 뛰어들 아이들을 상상해보라. 겨울밤 여전히 맑은 하늘에 내리는 눈송이에 휘둥그레지는 아이들의 눈을 상상해보라. 우리 모두가 함께 이룰 수 있는 것들을 상상해보라.

우리가 열쇠를 쥔 그 세상을 상상하라.

고마운 분들

첫 번째 독자이자 교정자인 아내 샌디에게 고마움을 전합니다. 그녀는 이 프로젝트뿐 아니라 제가 집에서 멀리 떠나 있어야 했던 수많은 프로젝트를 매번 빠짐없이 지지해주었습니다.

제게 자신의 지식, 경험, 열정을 기꺼이 공유해준 모든 미래 세상의 개척자들에게 감사합니다. 이들은 보이지 않는 곳에서 변화를 만들어내는 사람들입니다.

제게 꿈을 마음껏 펼칠 수 있는 자유를 주신 어머니, 고맙습니다. 이 책이 그 꿈 중 하나였습니다.

이 오랜 조사를 가능하게 해주고 저와 함께해준 모든 이들에게 고맙습니다. 쇠이유 출판사, 미레유 파올리니, 프랑스 텔레비지옹, 나탈리 다리그랑, 르노 알릴레르, 안느 구로, 앙투안 게르, 닉 헤르만, 그리고 프르미에르 리뉴 팀, 고맙습니다.

지구와 나를 위한 먹거리로 미래를 바꾸다

더 나은 세상을 위한 레시피

1판 1쇄 발행 2021년 10월 26일 **1판 2쇄 발행** 2022년 4월 20일

지은이 브누아 브랭제

옮긴이 지은희

펴낸이 전광철 **펴낸곳** 협동조합 착한책가게

주소 서울시 마포구 독막로 28길 10, 109동 상가 b101-957호

등록 제2015-000038호(2015년 1월 30일)

전화 02) 322-3238 **팩스** 02) 6499-8485

이메일 bonaliber@gmail.com

홈페이지 sogoodbook.com

ISBN 979-11-90400-26-8 (03330)